Petite marchande d'allumettes à Kaboul

Diana Mohamadi
Avec la collaboration de Marie Bourreau

Petite marchande d'allumettes à Kaboul

Michel Lafon

7-13, boulevard Paul-Émile Victor - Île de la Jatte
92521 Neuilly-sur-Seine Cedex

www.michel-lafon.com

Moi Diana, 13 ans

Je n'aime pas parler de moi. Je ne veux pas tomber dans la caricature. Et puis, l'orgueil... Je trouve bien orgueilleux de raconter ma vie tout en sachant qu'on va me lire. J'ai peur de me travestir. Les autres comprendront-ils qui je suis vraiment ? Je ne tiens pas à jouer la comédie. J'ai un prénom de princesse parce que ma mère avait regardé, fascinée, le mariage du prince Charles et de Lady Di à la télé. L'histoire s'arrête là. Je ne suis pas responsable des désirs fantasques de ma mère. Des Anglaises qui travaillaient pour la Croix-Rouge à Kaboul avaient trouvé d'un symbolisme saisissant mon prénom et mon statut de petite vendeuse d'allumettes. Quelle dissonance entre une vie de misère et un prénom chargé des ors de la Couronne britannique ! De ma vie, je ne veux faire aucun symbole. J'ai la prétention d'être assez maligne pour mesurer combien il me serait facile de devenir le porte-voix des petites cosettes afghanes. Il serait bien trop aisé de m'enfermer dans une case. Je lutte au quotidien pour devenir la femme que je voudrai être. Ce n'est pas pour me voir réduite aujourd'hui à un prénom. Mon histoire, c'est mon âme et ma mémoire. J'ai accepté de l'écrire pour défier l'avenir. Je veux, à travers ce témoignage, éprouver mon courage. Regarder ma vie comme elle est. C'est une vraie douleur de devoir dire la vérité, d'être sincère. Un jour, peut-être que mes enfants ou mes petits-enfants me liront. Que serai-je devenue quand je relirai ces lignes ? Aurai-je été fidèle à mes convictions et à mes rêves ? Ma vie à Kaboul, c'est une lutte quotidienne. Jugez plutôt...

1.

Au son du muezzin

Je marche comme un automate. Le soleil vient à peine de se lever. Le muezzin [1] finit de chanter dans un haut-parleur au son crachotant. J'aime cette présence rassurante au cœur de la nuit. Cette voix devenue familière. Elle a un ton grave et chaud qui me sort de ma torpeur. Je reconnais tout de suite au timbre de sa voix si le muezzin est de bonne humeur. Il y a des matins où elle est enrouée. Elle est parfois subtilement enjouée. Elle peut être monocorde. Ces jours-là, au creux de mon oreiller, je me raconte des histoires. Le muezzin s'est disputé avec sa femme. Ou ses filles

1. Le muezzin est le fonctionnaire religieux chargé de l'appel à la prière.

n'ont pas eu de bonnes notes à l'école. Oui, c'est sans doute pour cela que sa voix d'habitude si douce laisse pointer une once de colère ce matin.

Je suis née à Kaboul il y a bientôt treize ans. Ne me demandez pas quel mois, ma mère est bien incapable de se le rappeler. De toutes les façons, on ne fête jamais les anniversaires, c'est un plaisir bien trop superficiel. Notre maison est située sur « la colline de la télévision », en référence à la grande antenne qui permet à la RTA (Radio télévision d'Afghanistan) d'émettre sur Kaboul. Depuis, beaucoup d'autres antennes ont été installées, notamment pour les téléphones portables. Le sommet ressemble maintenant à une forêt métallique.

Ma colline n'a aucun charme si ce n'est qu'elle domine Kaboul et son nuage de pollution. La plupart du temps, un film poussiéreux recouvre la ville. On dirait une image passée et un peu jaunie. « La colline de la télévision » est faite de roches et de poussière. Il y fait toujours trop chaud ou trop froid. Nous n'avons ni l'eau courante ni l'électricité. Mais nous avons une histoire. C'est ici que le commandant Massoud, le chef des Moudjahidines, avait monté son poste d'observation et qu'il pilonnait ses ennemis durant la guerre civile. De cette période, il reste quelques mines dans le sol qui font chaque année des morts ou des blessés. Moi, je ne m'aventure jamais hors des sentiers balisés. Mais ceux qui habitent tout là-haut et qui doivent chaque jour descendre pour récupérer de l'eau dans les grandes citernes, installées il y a quelques années, sont tentés de prendre des raccourcis. J'aime bien observer ce ballet humain. Les frêles silhouettes, déstabilisées par les litres d'eau dans des jarres portées sur les épaules ou sur la tête, repartent ensuite sur les pentes raides rejoindre des maisons couleur de terre qui se confondent avec la montagne. Moi, j'ai de la chance. Ma maison est coincée entre le cimetière et le bazar, au pied de la colline.

La ligne de démarcation est claire. Le bazar marque la séparation entre le bas de la colline, pour les plus riches, et le haut où habitent les pauvres parmi les pauvres. L'hiver, quand il a beaucoup neigé, ils sont isolés de tout. Ils font bouillir la neige pour pouvoir la boire. Ils regardent, de haut, l'agitation d'une ville à laquelle ils n'appartiennent plus vraiment.

Nous louons notre maison, 100 dollars par mois, car nous n'avons jamais eu assez d'argent pour en acheter une. Je l'aime bien. Elle est petite. On dirait une maison de poupée. Certes, elle n'a aucun confort, mais je dois avouer que nous y sommes relativement heureux. C'est l'essentiel.

Je dors avec trois de mes sœurs, Khaleda,

Rohina et Bassira, dans une pièce aux murs nus couleur de béton et un peu humides. Il n'y a pas de chauffage. En ce début de printemps, cela m'est égal. L'hiver, c'est une autre histoire. Ce matin, mes sœurs dorment toutes les trois du sommeil du juste. Je me glisse sans mal à l'extérieur de la chambre. Je récupère mes sandales de plastique au pied de l'escalier de béton. Et je m'échappe... Quel bonheur de pouvoir voler quelques minutes de liberté ! Sur le chemin, je croise les hommes les plus pieux qui reviennent déjà de la mosquée voisine pour la première prière de la journée. Ils ressemblent un peu à des automates, eux aussi. À 4 h 30, la ville semble peuplée de zombies. Je souris à cette idée. Oui, pendant quelques heures, Kaboul, si turbulente le jour, semble groggy. J'aime cette sensation d'être seule au monde. Cela me donne l'impression de maîtriser mon destin. C'est faux, je le sais bien. Mais cette puissance, je la ressens presque physiquement. Je dévale les rues, vides, à toute vitesse. Je cours à perdre haleine. L'air me fait mal à la gorge. Je ralentis un peu, je remets mon voile en place. Et je reprends ma marche active, en sautillant entre les flaques, les égouts à ciel ouvert et les nids-de-poule. Arrivée à la grande artère qui mène au quartier de De Afghenon, j'observe un spectacle qui me fascine. Des hommes en combinaisons vertes balayent l'avenue, soulevant une fine poussière chargée du sable porté par le violent vent d'été qui a soufflé hier. J'aime leurs gestes, si graciles. Je m'assieds sur le bord du trottoir. Parfois, je ferme les yeux et j'écoute simplement le bruit du balai en bois sur le bitume. Il m'apaise. Je n'ai jamais vu la mer mais c'est ainsi que j'imagine le bruit d'une vague. Elle déferle puis s'arrête net. L'homme en vert donne la cadence. Balance d'avant en arrière son balai dans un numéro qui se répète. Je ferme les yeux et je me rends compte de l'absurdité de la chose. Balayer les rues... Les quelques rues asphaltées de Kaboul quand le reste n'est que poussière ! C'est pour cela aussi que j'aime mon pays, l'Afghanistan. On ne s'avoue jamais vaincu. Même dans une lutte inégale contre la poussière.

2.

Ma famille

Nous sommes quatorze enfants. En Afghanistan, cela n'a rien d'exceptionnel. Une femme a en moyenne douze enfants. Ici, on dit que les enfants apprennent la mort dès leur premier souffle. Un enfant sur quatre ne survit pas à l'âge de cinq ans. Alors ma mère, Latifa, et mon père, Mohamed, ont fait beaucoup d'enfants. Beaucoup trop. Je ne devrais pas le dire. J'ai honte. Parfois, j'ai prié ardemment pour que l'un de mes frères ou de mes sœurs meurent à la naissance. J'étais trop petite pour le dire à maman, mais je savais bien que chaque nouvelle naissance réduisait un peu plus notre niveau de vie. Nous étions pauvres et nous allions le devenir encore plus.

Farzana, Farhad, Fatana, Fawad, Khaleda, Rohina, moi, Bassira, Jamshed, Raissa, Djamal, Bilal, Shoukria et Samira. Neuf filles et cinq garçons. Les naissances se sont enchaînées, toutes à un an d'écart. Ma mère aurait difficilement pu faire mieux. Nous formons une fratrie solidaire aux caractères forts et déterminés. Il règne le plus souvent à la maison une atmosphère survoltée entre les bagarres des petits, l'agitation des aînés et les cris de maman qui est totalement dépassée par notre nombre. Maman, le plus souvent, se tient au centre de la ruche. Une vraie reine mère. Assise par terre dans la pièce principale, elle donne les ordres et on exécute. Elle surveille les allées et venues de sa nichée avec un mélange d'affection, de fatalisme et d'inquiétude. À cinquante ans passés, ma mère a les traits durs et marqués. Le corps robuste et un peu flasque d'avoir porté autant d'enfants. Elle a quelque chose de terriblement masculin. Même sa voix, qui porte haut et fort, prend des accents graves et inquiétants lorsqu'elle nous dispute. Quand elle nous observe, je sonde son regard. Je voudrais savoir ce qu'elle pense. Au fond de moi, je me demande quel bonheur ma mère a bien pu trouver à donner la vie. Quels espoirs avait-elle pour nous ? Dans quel monde nous jetait-elle en pâture ? J'ai bien peur qu'elle ne réfléchisse pas à tout cela. Elle fait son devoir d'épouse : elle donne des fils à mon père.

Pour bien comprendre la psychologie de la famille Mohamadi, la mienne donc, il faut que je vous raconte les choses dans l'ordre. Mes parents d'abord. Ils sont tous les deux Tadjiks [1] et viennent d'un village de la plaine de Shamali, à 30 kilomètres de Kaboul. La Shamali est une zone plutôt fertile avec de grandes exploitations. Ma mère est la fille d'un commandant de police local. Une famille respectée et aisée. Mon père vient d'une famille de paysans beaucoup plus pauvre. Tout cela, je le sais de ma mère. Ce n'est plus possible de parler avec grand-mère. Elle a perdu l'audition dans un bombardement. Il faut hurler pour qu'elle entende. Pas facile pour partager des secrets de famille ! Surtout dans mon pays où il est mal vu de se raconter. La vie de maman a changé radicalement quand son père, mon grand-père, l'a retirée de l'école. Elle devait avoir neuf ans. Elle n'a pas eu le temps d'apprendre à lire ni à écrire. Je pense que c'est une des raisons pour laquelle elle semble toujours si triste et si déprimée. Elle vit dans un monde dont elle ne comprend que des bribes. Ce doit être terriblement frustrant. Mon grand-père est un homme bon. Je ne crois pas qu'il ait jamais voulu sacrifier l'une de ses filles. Ou alors inconsciemment peut-être. Il travaillait beaucoup et il avait besoin que

---

1. Les Tadjiks sont un peuple d'Asie Centrale. On les trouve au Tadjikistan et en Iran, au nord-est de l'Afghanistan, au nord-ouest de la Chine et à l'est de l'Ouzbékistan. En Afghanistan, le Tadjik le plus célèbre était le commandant Massoud de la vallée du Panjshir.

ma mère aide à la maison pour les travaux quotidiens. Elle a juste eu le tort d'être la fille aînée. Ses petites sœurs sont allées à l'école. Elles sont devenues professeures et travaillent à présent à l'étranger.

Quand maman se met à ruminer sa malchance, je préfère m'échapper. Je n'aime pas quand elle s'apitoie sur son sort. Nous sommes tous là maintenant et nous n'avons plus le choix. Nous devons vivre. Autant exercer son goût du bonheur. Ma mère, elle, ne s'exprime que dans les pleurs et la plainte.

3.

Latifa

Ma mère a une habitude étrange. À la maison, elle passe son temps à nous suivre des yeux en silence, si bien que j'ai toujours l'impression d'être épiée. Je dois vraiment prendre sur moi pour ne pas exploser. Ma mère s'appelle Latifa. C'est un prénom d'origine arabe que mon grand-père avait sans doute lu dans le Coran. Il paraît que Latifa signifie « sensible et douce ». Je dois dire que j'ai rarement vu un prénom si mal porté.

Ma mère n'est rien de cela. Mais c'est ma mère, donc je l'aime quand même. J'ai un sentiment étrange avec elle. C'est comme si elle était restée bloquée au stade de l'enfance. Parfois, son visage redevient poupin, quand elle doit nous supplier de lui lire une lettre par exemple. Je n'aime pas le sourire qu'elle a dans ces moments-là. Il a quelque chose de faible, de triste et d'implorant qui me met très mal à l'aise. Ma mère est complètement dépendante de nous, ses enfants. Les rôles sont inversés. C'est à nous de l'éduquer. Je suppose que c'est pour cela qu'elle est devenue aussi acariâtre. Depuis que mon père est parti, c'est encore pire.

Je garde un souvenir assez vague de mon père. Aussi loin que je remonte dans ma mémoire, je pense que c'était la période la plus heureuse de ma courte existence. Il avait une autorité naturelle et incontestée. Le matin, il quittait toujours la maison en embrassant chacun de ses quatorze enfants. Il prenait sa pochette de cuir – il était professeur –, ajustait sa veste devant le miroir suspendu dans l'entrée, et s'en allait défier une cohorte de jeunes garçons dissipés et, il faut bien l'avouer, souvent complètement désinvoltes à l'idée d'étudier. Ma mère était sans doute un peu complexée d'être si peu instruite par rapport à mon père alors qu'elle venait d'une famille plus aisée. Cela n'est qu'une supposition, mais je pense qu'ils avaient trouvé une forme de terrain d'entente. Ma mère possédait quelques biens. Mon père, le savoir. À eux deux, ils étaient armés pour affronter la vie.

4.

Mes premières années

Je ne vais pas faire une chronologie exhaustive des événements qui se sont produits à Kaboul en 1996. Je venais tout juste de naître. Tout ce que je sais, c'est ce que mes parents ainsi que mes frères et sœurs ont bien voulu me raconter. Pour faire connaissance avec le Kaboul de cette période, il suffit de se rappeler comment on y travaillait, comment on y mangeait et comment on y aimait. C'est bien simple, ces trois activités, les plus communes au monde, étaient pour ainsi dire absentes : on n'y travaillait pas, on n'y mangeait pas et il était hors de question de s'y aimer. Mon père disait « c'est un fléau ». C'est un peu dur, quand j'y pense, d'être née sous ces auspices-là.

Je devais encore être accrochée au sein de ma mère quand les talibans sont entrés dans Kaboul.

Ils venaient de Kandahar, une ville du Sud, dont le chef spirituel, le mollah Omar [1], avait entrepris de faire de l'Afghanistan un État islamique. Mes parents sont croyants et pratiquants. Ils n'étaient pas contre un État islamique, mais pas à ces conditions. Ma mère, comme toutes les femmes, n'a plus eu le droit de sortir dans la rue sans être accompagnée d'un homme, un *marham* [2]. Mon père et mes frères aînés ont dû se laisser pousser la barbe, qui devait être plus longue qu'une lampe-tempête. La télévision, les photos, les magazines, la musique ont été interdits pour respecter un islam iconoclaste. Tous les plaisirs étaient bannis. « Les filles, nous sommes en cage », répétait ma mère. C'est ainsi que j'ai grandi, poussé mes premiers cris et fait mes premiers pas. Cela a duré cinq ans. En quelques édits fanatiques, le temps d'une charia [3] revisitée, notre terrain de jeux avec mes frères et sœurs s'est limité

1. Mohammad Omar est né en 1959. Plus connu sous le nom du mollah Omar, il fut le chef des talibans d'Afghanistan et donc le chef d'État de ce pays de 1996 à 2001. Il portait dans ses fonctions le titre de commandeur des croyants.

2. Le *marham*, dans la religion musulmane, correspond à toute personne qu'une femme ne pourra jamais épouser (son fils, son frère...) et devant qui elle a la permission de retirer son voile. Par extension, le *mahram* est celui qui était chargé d'accompagner les femmes dans leur déplacement hors de la maison selon les dix commandements talibans.

3. La loi canonique islamique.

au salon. Nos regards se croisaient en permanence, c'était insupportable. Notre champ de vision se cognait irrémédiablement aux murs de la maison. Il y a eu des moments de violence extrême où nous ne pouvions plus nous supporter. Dans ces moments-là, ma seule échappatoire était mon imagination. Un de mes jeux favoris consistait à regarder le plafond et à compter puis recompter les fissures. C'est ainsi que j'ai commencé les maths... Ou alors je fermais les yeux et je m'envolais dans un monde fantasmatique où tout m'était permis. Dans mes méditations, le monde était bien plus riche, bien plus drôle et surtout bien moins sauvage que la réalité. J'accorde une attention particulière à mes rêves. Parfois, je me force à rêver des choses positives. J'y arrive de temps en temps.

La nuit, je dormais mal car je savais que les talibans du quartier descendaient dans les maisons et cherchaient les objets interdits. Un jour, ma sœur Khaleda a caché un flacon de vernis à ongles. J'ignore où elle l'avait trouvé, mais cela faisait partie des objets formellement interdits par les dix commandements talibans. Quand mon père a vu ça, il s'est mis dans une colère dont je ne le soupçonnais pas capable. Les coups pleuvaient sur Khaleda et mon père hurlait : « Tu veux vraiment nous mettre en danger, Khaleda ! Tu veux la mort de ton père, c'est ça ? » Ce jour-là, j'ai pris conscience de l'imminence du danger qui nous guettait tous. Aujourd'hui, je me demande encore comment nous avons pu être aussi capricieuses. Peut-être un réflexe de survie en temps de guerre. C'est le signe que la vie ne s'arrête pas, au contraire.

J'aurais dû commencer l'école à l'âge de cinq ans. J'attendais avec impatience de pouvoir, comme mes sœurs aînées, enfiler ma tenue d'écolière avec ma longue tunique noire et mon voile blanc. Le sort en a décidé autrement, et je n'ai pu faire ma rentrée qu'à l'âge de six ans, quand les talibans ont enfin quitté Kaboul. Je n'aime pas la politique. L'histoire m'a montré très tôt jusqu'où cela pouvait mener. Mais je me souviens parfaitement de la fierté de mes parents quand ils racontaient que c'était un Tadjik, comme nous, qui avait participé à la défaite des talibans.

Mon père était allé voir avec mon frère aîné les chars de l'Alliance du nord du commandant Massoud qui rentraient dans Kaboul par la plaine de Shamali. Tout ce dont je me souviens, c'est d'une atmosphère d'allégresse teintée d'inquiétude. Mon père disait toujours : « Quel nouveau coup du sort cela nous réserve-t-il ? » Moi, je ne comprenais rien. J'avais juste saisi que bientôt nous pourrions recommencer à vivre normalement. Je n'avais qu'un désir, très concret, c'était d'aller enfin à l'école. Et peut-être aussi de manger à ma faim. Sous le régime des talibans, les relations diplomatiques avec les pays étrangers avaient été rompues. L'Afghanistan n'avait pas d'usines, donc peu de possibilités d'importer des produits, et doté d'une agriculture encore très primaire ; nous n'avions plus rien à manger. Maman faisait parfois du pain en mêlant de la farine à de la boue. Évidemment, aujourd'hui, nous sommes peu nombreux à savoir vraiment dans nos tripes ce qu'avoir faim veut dire. Ce que mon père ignorait, c'est que maman avait quelques économies qu'elle tenait de mon grand-père. Des millions d'afghanis[1] cachés dans une armoire dont nous ne soupçonnions pas l'existence. Ce bas de laine aurait pu nous aider à affronter ces durs mois. Faute d'éducation, maman n'a pas compris que l'afghani était en train de s'effondrer. L'héritage s'est réduit à peau de chagrin. Nous avons vécu ainsi cinq ans en totale léthargie : anesthésiés par la faim, les privations, la peur et une déception profonde, du moins celle de mes parents, pour l'avenir de l'Afghanistan.

Kaboul a été libérée le 13 novembre 2001. J'avais cinq ans et j'ai toujours en tête les youyous

1. Nom de la monnaie locale en Afghanistan. 1 euro correspond à 60 afghanis environ.

des voisines. Pour moi, ils seront à jamais synonymes de joie et de félicité. En mars 2002, je faisais avec retard ma première rentrée scolaire. Maman et papa m'ont emmenée au bazar avec mon père et on a choisi un voile en nylon blanc qui recouvrait toute ma chevelure et mon cou. C'était comme une étape initiatique avant de devenir une véritable écolière. Pour mon père, professeur, c'était une fierté. Pour ma mère, un luxe qui n'avait pas de prix. J'ai appris à me laquer les cheveux pour qu'aucune mèche ne dépasse. J'aime bien l'allure que j'ai avec mon voile. Mes joues sont rebondies, mes yeux ressortent et ma bouche rouge cerise contraste avec le blanc de mon tchador. Enserré dans mon fichu blanc, mon visage garde l'ovale de l'enfance et cela me rassure. Je voudrais ne plus jamais le quitter.

5.

Mohamed Mohamadi

Mon père, Mohamed Mohamadi, vient d'une famille pauvre. Mais il est éduqué. De mon père, je brosserais bien volontiers le portrait d'un être enjoué. Il adore ses enfants, qui le lui rendent bien. Il a un goût prononcé pour le bonheur même si le cours de l'histoire politique en Afghanistan ne lui a guère laissé le temps d'en profiter pleinement. Des quatorze enfants, je pense être celle qui lui ressemble le plus. Nous sommes tous les deux des spontanés. Capables de se réjouir d'un ciel uniformément bleu ou du vol gracile d'un oiseau. La vie, les gens, la ville ne nous apparaissent pas hostiles. De mon père, je tiens les pommettes hautes et saillantes. Les yeux en amande aussi. Quand j'étais petite, il était *padar*[1]

1. Signifie littéralement le « père ».

bien sûr, l'autorité paternelle. Mais il était aussi toute la fantaisie qui manque à maman et qui lui donne constamment ce regard inquiet et ce ton plaintif. Mon père, c'est un poète. Avec lui, les événements glissent sur la douce surface des choses de la vie. Les mauvaises nouvelles, nombreuses en temps de guerre, étaient toujours contrebalancées par une histoire amusante. Mon père ne vivait pas des situations extraordinaires. Simplement, il avait le don de les raconter.

Un jour par exemple, il est revenu à la maison avec une de ces histoires qui forcent mon admiration. Il avait, un peu plus tôt dans la journée, partagé un taxi avec un inconnu. L'homme pleurait discrètement. Mon père lui dit :

« *Coco*[1], pourquoi pleures-tu ? »

L'autre lui répond :

« J'ai perdu ma mère et je n'ai même pas de quoi lui payer des funérailles. »

Mon père lui a donné tout ce qu'il avait sur lui. Depuis, les deux hommes sont devenus de véritables amis.

Je crois qu'il a une empathie sincère pour le genre humain. C'est rare ici. Quand on se bat pour vivre, on devient terriblement égoïste. Papa se bat contre cette facilité. Il peut encore s'émou-

1. Signifie littéralement « mon oncle » et s'emploie de manière affective.

voir de choses simples. Il pouvait revenir à la maison, exalté par une odeur de cuisine ou simplement un sourire volé à la dérobée. Avec lui, nous avions l'impression de vivre. Seuls à la maison avec maman, nous nous enfonçons chaque jour un peu plus dans une vie où nous sommes happés par les trous noirs.

6.

Mes parents

Un jour, papa est parti. C'était il y a deux ans. Il a rejoint le Pakistan voisin comme la majorité des hommes afghans qui espéraient gagner un peu d'argent. Nous ne sommes pas les seuls dans cette situation. Mes copines, nos voisins, tous ont un père, un frère ou un oncle qui est parti travailler au Pakistan, à Peshawar, la ville frontière du NWFP [1], ou à Islamabad, la capitale. Pendant la guerre contre les talibans, près de deux millions d'Afghans s'étaient déjà réfugiés au Pakistan.

Mon professeur d'histoire nous a raconté l'autre jour qu'au début des années 2000 l'Afghanistan était le pays qui comptait le plus d'exilés à l'échelle mondiale. Papa, lui, a fait la démarche

1. North-West Frontier Province.

inverse. Il n'a jamais voulu abandonner son pays, même au moment le plus dur, alors que les roquettes pleuvaient sur Kaboul durant la guerre civile ou encore quand les talibans contrôlaient la ville devenue un refuge de fantômes et de miséreux. Était-ce une question de morale ? Avait-il seulement les moyens de fuir avec une famille aussi nombreuse ? Si nous avions eu le choix, qu'aurions-nous fait ? J'imagine que dans le cœur de papa il y avait certainement beaucoup d'abnégation et un désir tout à fait respectable de lutter. Tant qu'on a mal, tant qu'on souffre et qu'on résiste, on vit encore un peu. Pour lui, ce n'est pas de l'héroïsme, mais un combat individuel contre la lâcheté, combat dans lequel il nous a tous entraînés, parfois à nos dépens.

Celles qui ont le plus souffert sont certainement mes sœurs aînées, qui ont vu leur scolarité s'arrêter d'un coup. Pour moi, la situation était moins pénible. Je n'étais pas encore suffisamment grande et libre pour ressentir le poids des interdits. Mes sœurs, d'après ce que je comprends aujourd'hui, ont beaucoup poussé papa à nous exiler au Pakistan ou en Iran. Il est toujours resté ferme sur sa position même si tout le monde le désapprouvait : mes grands-parents maternels, les oncles, les voisins. « Le vrai courage serait de mettre tes enfants en sécurité et de revenir », lui répétait mon grand-père maternel. « Le vrai courage, c'est de rester maître de ses choix à ses risques et périls », lui répondait mon père. Il a eu comme ça quelques bras de fer très tendus avec mon grand-père.

L'histoire est un peu plus compliquée que cela et ne se résume pas seulement à des définitions contradictoires de l'héroïsme. Mon père n'a jamais été accepté par la famille de ma mère. Pour eux, mon père était presque un rebut. Trop pauvre, pas assez bien pour leur fille qui pourtant était bien moins cultivée. Mais elle était belle à l'époque ! Contre l'avis de ses parents, ma mère a donc épousé mon père. Ils se sont regardés dans un miroir comme le veut la tradition et ils ont vu leur avenir commun. Le mollah les a décrétés mari et femme et c'est là que les ennuis ont commencé. Mes grands-parents les ont rejetés pendant des années. Aujourd'hui encore les relations sont difficiles. Mon père ne les a plus jamais vus. Ma mère a des relations plus distendues. J'adore mes grands-parents mais je suis si fière de mon père ! Si fière qu'il ait résisté à cette pression ! Nous avons résisté ensemble. Nous avons ressenti cette communion incroyable entre des êtres qui choisissent de faire face à l'histoire quelle qu'elle soit. C'est un sentiment très fort de se savoir du côté des bons. Il n'est plus question d'ethnie, de sunnites ou de chiites, de riches ou de pauvres. Il est question d'œuvrer collectivement contre le mal et de dépasser ensemble une souffrance indicible.

Le choix du départ de papa au Pakistan, il y a deux ans, a été douloureux. La situation avait radicalement changé. Avec le départ des talibans, la vie à Kaboul s'est améliorée. Les interdits les plus révoltants sont tombés : les filles ont le droit de retourner à l'école et de se déplacer dans la rue. Les jeux ont repris, comme le cerf-volant. Les hommes ne sont plus tenus d'avoir une barbe aussi longue qu'une lampe-tempête ! Et les femmes ne sont plus obligées de porter la burqa.

En revanche, au niveau de l'économie, le bouleversement a été nettement moins sensible. Certes, nous vivions en paix, mais cela ne nous a pas empêchés de crever de faim. Alors papa s'est sacrifié. Il est parti un vendredi où le soleil était radieux. Le sol gorgé de chaleur faisait monter la température rapidement. Il a emballé quelques affaires dans une grosse couverture chinoise que Farhad a nouée avec une corde solide. Il n'y a pas eu d'effusions, nous sommes pudiques. Il est monté dans un taxi et les vapeurs d'essence m'ont fait tourner la tête et m'ont donné la nausée. Il est parti pour la station de bus sur la route de Djalalabad. Moi, avec la chaleur, l'essence, la réverbération du soleil et l'émotion, je me suis assoupie par terre. J'ai dormi pendant presque trois heures. Quand je me suis réveillée, je savais qu'avec ce départ tout allait changer.

Je n'ai jamais osé demander où il était ni ce qu'il faisait. Mon père appelle parfois à la maison. Il parle à Farhad, le grand frère. Nous, les petits, devons nous contenter de bribes d'informations. J'ai oublié sa voix. Je me concentre pour entendre son rire et me souvenir de ces petites ridules au coin des yeux que j'aimais tant. Chaque jour, je me demande ce qu'il fait, où il vit, qui il voit. C'est une angoisse terrible de ne pas savoir. Pourtant, je ne poserai aucune question à Farhad. J'attends qu'il juge que je sois assez grande pour comprendre. J'attends le moment où, enfin, Farhad me pensera digne de confiance. Ce jour-là tarde à venir.

7.

« Poy Kota »

À Kaboul, j'ai ce que j'appelle mon « territoire enchanté ». Il comprend Chicken Street, la rue commerçante où toutes les babioles contrefaites se recyclent pour les étrangers qui les payent une fortune. Les boîtes en bois du Nouristan, par exemple. La belle arnaque ! Certaines sont vieillies très grossièrement, attaquées à coups de canif pour donner l'illusion d'un bois patiné par le temps. Je le sais, mais je laisse les étrangers acheter à prix d'or ces boîtes à bijoux qui n'ont le plus souvent aucune valeur. Je fais comme tout le monde, je fais semblant d'y croire. Je réglerai mes comptes avec Allah plus tard. Il faut bien vivre. Système D, petite escroquerie ou grand mensonge, ma conscience s'en arrange.

Mon « territoire enchanté » comprend donc Chicken Street, Charahi Ansari, la grande artère qui mène au City Center, le nouveau centre commercial et s'étend jusqu'au lycée Amani, en face de l'ambassade de France et à côté du palais présidentiel. C'est là que je vends mes allumettes, mes chewing-gums et depuis quelque temps des foulards. Je suis ce qu'on appelle vulgairement une enfant des rues. Je dis « vulgairement » car je sais bien que cela a une connotation négative. Moi, je considère que je ne vis pas si mal. J'ai une maison et une mère. Je vais à l'école. Je suis simplement dans la rue de 16 heures à 20 heures pour aider ma famille à survivre.

Je ne suis pas une débutante. J'ai commencé à l'âge de sept ans pour nous aider à vivre après la chute des talibans. Ma grande sœur m'emmenait avec elle. Mais très vite je me suis débrouillée toute seule. J'ai la tchatche et la fibre commerciale, du moins c'est ce que mes clients me disent. C'est l'école de la rue. Pour se défendre, mieux vaut avoir de la repartie. La rue, à Kaboul, est un territoire hostile, surtout pour une fille seule. J'ai louvoyé pour me faire accepter. Je ne suis pas une gamine des rues comme les autres. Enfin, je le souhaite. J'ai la prétention d'aller à l'école et de parler presque couramment anglais ainsi que quelques mots de français. Avec les années, j'ai acquis quelques techniques commerciales. Je n'embête jamais le client. Je le flatte. Je me rends indispensable en portant les sacs des étrangers qui s'apprêtent à ramener quelques coûteux souvenirs aux familles transies d'une inquiétude exagérée. Ils culpabilisent, je le sais bien. Ils sont en situation de faiblesse. Ils marchandent avec mauvaise conscience, le dollar est si bas ! Alors quand, en prime, je leur glisse une petite boîte d'allumettes au fond de la poche, ils se sentent obligés. À ce petit jeu, je récupère assez d'afghanis pour payer le dîner du soir. Je gagne environ 2 dollars par jour. C'est une vie de bureau comme une autre. Sauf que je marche des kilomètres, qu'il pleuve, qu'il neige ou qu'il fasse un soleil de plomb. J'ai ma petite entreprise, quelques collaborateurs (mes sœurs !), un marché porteur (les étrangers fument beaucoup et auront toujours besoin d'allumettes, et ils mangeront toujours des chewing-gums) et surtout un emploi du temps qui ne me laisse pas une minute à moi. J'ai treize ans mais je porte le poids des responsabilités qui m'incombent.

Nous sommes ainsi une cinquantaine d'enfants à nous disputer les passants de Chicken Street. Moi, j'ai hérité du surnom de « Poy Kota ». Littéralement, cela équivaut à « gros pieds ». Dans le langage courant, cela veut dire que je marque de mon empreinte le territoire. Je suis respectée mais parce que je respecte aussi les autres enfants. Les règles sont claires. Nous les avons établies entre nous un jour en dessinant par terre les territoires de chacun. Pas question de déroger à la règle ni de franchir les limites. Nous avons aussi décidé que les clients réguliers, ceux que nous avons réussi à fidéliser à force de sourires – et de harcèlement constant, je dois bien l'avouer ! –, restaient notre propriété. Les autres n'ont pas le droit de les approcher...

Ce matin, « Poy Kota » s'est levée d'une humeur de chien. Toute la nuit maman nous a réveillés pour de menus prétextes. Préparer la pâte à pain, nettoyer la cour où les chèvres ont crotté ou encore faire chauffer de l'eau pour le thé. Elle nous épuise. Je me suis couchée à 23 heures hier car j'ai profité de l'électricité de ville qui est revenue pour réviser mon examen de mathématiques. Et maman a ruiné tous mes efforts. Elle m'a fait lever à 1 heure du matin, puis à 2 heures et encore une fois à 3 heures. Souvent, je fais semblant de ne pas entendre. Alors elle me secoue, me tape et part réveiller une autre sœur. Cette nuit, je n'ai pas eu la force de résister. Je voulais seulement qu'elle me fiche la paix. Alors je me suis levée en bonne fille obéissante. J'ai préparé le thé. À 2 heures du matin... Je savais bien que cela n'avait aucun intérêt.

Pudiquement, on dit dans la famille que ma mère est « dérangée ». Je suis plus directe et je pense qu'il est temps qu'on l'admette : maman est folle. Chaque jour, j'ai l'impression qu'elle s'enfonce un peu plus dans ce que j'appelle ses trous noirs. Ils prennent différentes formes. Ce peut être des habitudes complètement absurdes comme préparer du thé au milieu de la nuit, des crises de colère soudaines pour un prétexte qui n'a pas de sens, ou encore des propos complètement incohérents. Elle est de plus en plus violente. Elle est capable de vous empoigner et de vous briser le poignet. Hier encore, elle s'est fâchée contre moi car je tardais à couper des pommes de terre pour le dîner. J'ai eu le tort de lui répondre que je révisais pour l'école. Elle a ramassé une pierre et me l'a lancée au visage. J'ai juste eu le temps de baisser la tête. Alors, j'ai fermé mon cahier, pensé très fort que j'allais encore avoir une note moyenne. J'ai ramassé la pierre, je me suis levée et j'ai commencé à éplucher ces maudites pommes de terre. Les frites seront encore immangeables car l'huile est mauvaise. En respectant les ordres de maman, je lui accorde encore un peu de son rôle de mère. Pour combien de temps encore ? Elle crie de plus en plus et devient ingérable.

8.

Mon Dieu

Mon examen de mathématiques s'est très mal passé. Je suis plutôt bonne d'habitude. Je pense que j'aime bien les maths parce qu'il y a des règles. On les apprend. On les applique. C'est vrai ou c'est faux. Il n'y a pas de discussion possible. Les maths, c'est une logique cartésienne. Tout est en ordre. Tout le contraire de ma vie ! Ce matin, le professeur nous a donné des divisions. Je tombais tellement de fatigue que les lignes de mon cahier se dédoublaient. J'en veux terriblement à ma mère dans ces moments-là. Je travaille d'arrache-pied pour la maison et je consacre mes seuls moments de détente à mon travail scolaire. Cet examen était à ma portée et pourtant j'ai échoué. Je le vis comme une mise à l'épreuve supplémentaire. J'avais révisé toute la soirée, persuadée que l'arrivée de l'électricité de ville était un bon présage à ma réussite à l'examen. Pourquoi maman a-t-elle ruiné tous mes efforts ? Pourquoi nous mène-t-elle la vie aussi dure ?

Pour finir avec les confidences, j'ai une très mauvaise habitude qui me cause les plus grands tourments. Je passe mon temps à parier avec Dieu. Je me mets dans des situations improbables. Cet examen de mathématiques, par exemple, j'avais promis à Dieu de le réussir sans quoi je devrais travailler deux fois plus dur... Je me torture moralement pour expier cette faute d'avoir loupé mon contrôle. Je me tourmente aussi car je sais bien que je ne tiendrai pas mes promesses. J'ai terriblement peur du Jugement dernier. Je vis comme ça avec quelques paris ratés. Leurs souvenirs me reviennent parfois à la mémoire et me remplissent d'une angoisse sourde. Le sommeil apaise tout.

La religion, c'est un peu comme les maths. Ça me donne un cadre. C'est simple, le Coran te dit ce que tu as le droit de faire et ce que tu n'as pas le droit de faire. On me l'enseigne à l'école et je dois avouer que c'est un de mes cours préférés. Quand le professeur psalmodie des versets, j'ai envie de fermer les yeux et de me laisser bercer par sa voix aux accents réguliers et rassurants. À chaque fin de phrase, la voix retombe et vient s'écraser comme une goutte d'eau sur une pierre brûlante. Avec ce petit frétillement qui me met, je l'avoue, dans un état second. J'aime être croyante parce que ça me donne l'impression d'exister et de devoir accomplir une mission. La religion me guide au quotidien et, quand je m'apprête à faire une bêtise, je me dis souvent qu'Allah, là-haut, s'il me voit, ne doit pas être très fier de moi. C'est un peu handicapant comme principe. Ça m'intimide de me dire qu'il peut regarder tout ce que je fais. Mais cela a un avantage : réduire considérablement mes envies de pécher !

Une de mes sourates préférées dit ceci : « Les vrais croyants sont ceux dont les cœurs frémissent quand on mentionne Allah. Et quand Ses versets leur sont récités, cela fait augmenter leur foi. Et ils placent leur confiance en leur Seigneur » (sourate 8, verset 2).

Quand mon professeur me lit le Coran, j'ai comme un grand frisson qui me traverse le corps. C'est une onde, agréable et enveloppante, qui me transporte. Je me dis alors que je suis une vraie croyante car mon cœur est ouvert.

9.

Ghul Dara

C'est sans doute l'objet le plus précieux de la maison. Un joli tissu de dentelle le protège au quotidien. Il est placé sur une étagère qui est astiquée matin et soir. Les petits s'assoient parfois devant, juste comme ça, pour le contempler. C'est un plaisir rare et suspendu à une électricité encore hésitante. Quatre heures tous les trois jours environ en ce moment. Mais quand l'ampoule nue du salon vacille, annonciatrice de l'arrivée du courant, c'est toute la maison qui se retrouve devant l'objet : le téléviseur. Pour moi, c'est encore un peu un mystère de voir une image animée.

Les nouvelles, à la télévision, sont de plus en plus mauvaises. À 21 heures, la présentatrice de Tolo TV a annoncé que deux femmes soupçonnées d'être des prostituées avaient été tuées par les talibans à Ghazni. C'est une ville située à 100 kilomètres au sud de Kaboul. Autant dire la porte à côté. Je ressens dans ces moments-là assez cruellement la dissonance entre mon bonheur juvénile qui se berce encore de l'illusion d'une vie en paix, comme quand je suis avec mes copines, et la noirceur des nouvelles qui nous parviennent tous les jours. J'ai l'impression que l'histoire est en train de se répéter. Sommes-nous tous aveuglés ? Cette nouvelle entendue à la télé a occupé mon esprit pendant presque deux jours. Je marchais avec mes copines en rentrant de l'école, le lycée français Malalai. Certaines étaient abritées derrière un parapluie qui fait figure d'ombrelle quand le soleil tape trop fort. On ne s'en rend pas toujours compte, mais Kaboul est à 1 800 mètres d'altitude et le soleil est traître. L'ombre qui se découpait sur le trottoir était délicate. On aurait dit un jeu d'origami. Je les regardais rire et s'échanger des photos. Je marchais derrière, traînant volontairement les pieds pour marquer ma mauvaise humeur.

Elles se sont alors retournées et m'ont dit en chœur : « Diana, tu as vu la beauté de cette actrice indienne ? » en me montrant une photo d'Aishwarya Rai, une ancienne miss Monde devenue une star du cinéma indien. Les télés diffusent régulièrement les films de Bollywood dans lesquels elle joue. On se délecte de ces comédies à l'eau de rose où l'amour est toujours impossible. Cela respecte notre pudibonderie !

J'avais une envie irrépressible de me disputer. Leur légèreté me faisait mal au cœur. Au fond, j'aurais aimé être comme elles, insouciantes et gaies. Pas aujourd'hui. J'ai répondu un énigmatique : « Je ne peux pas voir la beauté dans un monde si laid. » Ma phrase était un peu ridicule, je veux bien l'avouer. Mais, au fond, c'est ce que je pensais vraiment.

Elles ont fait comme si de rien n'était et ont continué à parler de la dernière série à la mode, ou du présentateur de *Hop*, l'émission musicale de la chaîne Tolo TV, et de sa frange dégradée. J'ai gardé mes tourments pour moi. À la maison, je n'ai pas pu manger. J'avais l'estomac noué et envie de pleurer. Il n'y a pas d'électricité ce soir. Nous n'avons pas d'argent pour acheter un générateur qui nous permettrait de gagner quelques heures d'électricité supplémentaires. Le générateur et l'essence, c'est un luxe réservé aux riches. J'ai donc allumé une lampe à gaz et j'ai essayé de lire mon livre de français. C'était une leçon sur les couleurs. Ma journée, elle, aura été bien terne, sans couleurs et sans espoir.

Les beaux jours ont commencé. Après un hiver si rude, j'apprécie cette chaleur réconfortante. D'avril à juin, la tiédeur ambiante est supportable. Elle devient suffocante aux mois de juillet, d'août et de septembre. Le printemps démarre officiellement le 21 mars. C'est la fête de Nowrooz, le Nouvel An perse. Pendant trois jours, le pays s'arrête. Le gouvernement fait en sorte que nous ayons plus d'électricité. La tradition veut que des guirlandes lumineuses ornent les rues et décorent les maisons. C'est un moment joyeux où les familles se retrouvent pour communier, partager les repas et se faire de petits cadeaux.

Cette année encore, papa n'était pas là. La fête perd de sa saveur. Maman est allée chez ses cousins, de riches parents, et nous sommes restés à la maison. Elle trouve toujours des prétextes. Moi, je sais bien qu'elle ne nous montre pas car elle ne veut pas que l'on nous reconnaisse. Personne ne doit savoir que nous travaillons dans la rue. Kaboul est un village où les rumeurs vont vite et le qu'en-dira-t-on est le sport national. J'en veux surtout à cette branche de la famille si riche qui feint de ne pas s'apercevoir que maman arrive toujours seule et les mains vides. Un mensonge de plus.

Le début du printemps rime aussi avec les virées à Ghul Dara, le village natal de mes parents dans la plaine de Shamali. Aujourd'hui, le temps est radieux. Une légère brise vient refroidir l'atmosphère déjà chaude. Je me sens dans un état d'allégresse comme seule la perspective d'une journée à Ghul Dara peut me provoquer. Nous allons voir grand-père. La première visite en six mois. Maman nous a dit de mettre des vêtements propres. La journée a commencé comme un enchantement. J'ai peigné Shoukria, qui commençait à avoir de sacrés nœuds dans les cheveux. Elle s'est un peu débattue, mais maintenant une longue tresse noire remplace la touffe disgracieuse qui ornait le haut de sa tête. Bilal, mon bon Bilal, toujours prompt à aider. Il est allé chercher les thermos de thé bien trop lourds pour ses petits bras de garçon de huit ans. J'ai vu dans ses yeux et dans son entrain la joie que nous partageons d'échapper, pour quelques heures au moins, à Kaboul.

Farhad et Fawad, mes deux grands frères, sont partis chercher le van qu'ils ont emprunté à l'école où ils donnent des cours d'anglais. Ils ont toujours de super combines pour faire des économies. Il ne reste qu'à payer l'essence. Farhad était un peu nerveux car elle a encore augmenté. Il dit que c'est la faute à la guerre en Irak et aux États-Unis. Mon frère est toujours prompt à critiquer les Américains. Mais je sais bien qu'il rêve secrètement d'émigrer là-bas. Un jour, il m'a raconté qu'il avait fait des démarches pour obtenir la Green Card. Sur le coup, je n'ai pas compris de quoi il s'agissait. Mais j'ai demandé à un client le lendemain ce que cela voulait dire. J'ai été terriblement déçue de savoir que Farhad voulait partir. C'est un secret entre nous. Il ne m'en a plus jamais parlé et je n'ai jamais osé lui demander où il en était de ses démarches. Mais si Farhad devait partir un jour, mon monde s'écroulerait. C'est l'homme de la famille, le seul qui reste. Il peut être très sévère, mais il est toujours juste avec nous. Si aujourd'hui nous allons tous à l'école, c'est grâce à lui.

Pour l'instant, au volant du van, mon frère joue aux autos tamponneuses. Il n'y a pas vraiment de règles de circulation. C'est à celui qui s'impose. Il n'y a pratiquement que des Toyota Corolla. Elles sont solides, pas très chères et les pièces de rechange se trouvent facilement. Elles arrivent toujours en pièces détachées, ce qui explique qu'il y ait, dans le bazar, des magasins réservés aux portières, aux phares ou aux essieux ! Les voitures sont le plus souvent complètement rafistolées et il vaut mieux ne pas compter sur la mécanique mais plutôt sur les réflexes des conducteurs. Les voitures jouent à une course folle sur les routes cabossées. Elles roulent toujours plus vite comme pour rattraper un temps déjà périmé. Elles se frôlent, s'évitent avec panache, freinent brusquement, retombent sur leurs roues souvent. Elles froissent leur tôle, se retournent et tombent dans les ravins parfois. Elles sont la fatalité afghane ; le *Inch Allah* à la grâce de Dieu. Les accidents de voiture sont la première cause de mortalité en Afghanistan.

Alors Farhad tient le volant bien fermement mais roule toujours plus vite. À l'arrière, nous sommes entassés les uns sur les autres. Maman a relevé sa burqa en synthétique qui la maintient dans une étuve insupportable. Farhad a quand même trouvé le moyen de briser la joyeuse harmonie de notre petite assemblée. Il a disputé ma sœur qui avait oublié d'acheter des caramels pour sucrer le thé. Il n'est jamais capable d'apprécier le moment présent. Il faut toujours qu'il critique pour imposer sa présence. C'est un trait très masculin. Moi, j'aime la simple idée de partir. Je voudrais pouvoir me rappeler chaque instant pour m'en nourrir jusqu'à la prochaine visite. La couleur du ciel, la forme des nuages, les chansons qui passaient à la radio, les odeurs, ce que portaient mes sœurs ce jour-là. Je photographie chaque détail. Je ne saurais pas vraiment expliquer pourquoi j'ai pris cette habitude. C'est une manière de contrôler l'instant. J'enrage car c'est terriblement pessimiste comme mode de pensée. C'est croire que le futur sera forcément moins beau. C'est ne pas accepter le temps qui passe et les règles du jeu. Il faut que je travaille pour me débarrasser de ce vilain défaut.

Nous avons pris la route de Charikar. Ensuite, soit elle part vers le Panjshir, la vallée mythique du commandant Massoud, soit elle bifurque vers les provinces du nord et la ville de Mazar-e-Sharif avec sa mosquée bleue et le vol des colombes qui se mêlent aux fidèles. Pour cela, il faut emprunter le tunnel de Salang. Fawad m'a raconté que c'était le plus haut et le plus long tunnel du monde. Il a été construit par les Soviétiques à l'époque où ils imaginaient étendre leur empire aux steppes afghanes. Mon rêve serait de le traverser.

La route qui mène à Ghul Dara est un chemin de terre cabossé. Le van hoquette et fait des bonds. Je me demande comment font mes sœurs et ma mère pour rester parfaitement enfoncées dans leur siège. Elles ne semblent pas déséquilibrées. Ce doit être une question de poids et de centre de gravité. Nous, les petits, nous nous cognons partout et nous rivalisons de bleus. Maman choisit toujours ce moment, où j'ai un peu mal au cœur et hâte d'arriver, pour nous raconter la même histoire : « Petite, j'empruntais ces chemins seule pour aller chercher l'eau au puits. La nuit, il n'y avait aucune source lumineuse. Vous ne savez pas, vous, ce que veut dire la nuit noire. Je me rassurais en regardant la Voie lactée si pure. Un mythe raconte que chaque étoile brille pour le souvenir d'un de nos proches disparus. Et je me disais que je n'étais pas complètement seule si des milliards d'étoiles me surveillaient de là-haut. »

L'arrivée à Ghul Dara, un lieu-dit plu village, est toujours ponctuée de cris de j d'exclamations.

« Regarde comme le pêcher a encore donné ! s'exclame ma sœur Khaleda. « Maman, est-ce que je peux en goûter une ? », demande Shoukria alors qu'elle a déjà sauté dans les bras de Fawad, surpris, qui la hisse sur le haut de ses épaules. Ghul Dara est un éden. Un petit ruisseau traverse le jardin. L'eau est pure, cristalline et très froide. Avant même d'embrasser grand-père, je ne peux m'empêcher d'aller y tremper la main. J'ai une sensation de plénitude dans ce jardin. Nous avons peu de plaisirs dans nos vies. C'est même une notion un peu honteuse de prendre du bon temps. À Ghul Dara, je goûte au bonheur. Maman parle avec grand-père. Ils boivent le thé préparé par Bilal. Je ramasse des fruits avec mes sœurs : des pêches, des *tûts*, sortes de mûres sauvages, des cerises un peu acides, et puis des pétales de rose que maman mettra dans le riz pour le parfumer. Les petits, Djamal, Bilal, Shoukria et Samira, jouent dans le ruisseau. Ils ont appris à faire des bateaux en papier et font une bataille navale où les frêles embarcations coulent avant même d'avoir été attaquées. Je les entends rire et je me surprends à les regarder avec tendresse. Ces quatre-là ont l'enfance que j'aurais aimé avoir. Ces quatre-là, je veux les protéger et je prie pour que notre situation s'améliore et qu'ils ne travaillent pas comme moi dans la rue. Je ferai tout pour que cela n'arrive jamais.

Baba[1] n'a pas changé. Sa barbe est un peu plus longue et plus blanche. J'ignore son âge. Il a encore beaucoup de vigueur pour soulever et retourner la terre avec sa bêche. Il doit être vieux. Bien plus que la moyenne d'âge pour un homme, qui tourne autour de quarante-deux ans. Pour les femmes, c'est quarante et un ans parce qu'elles ont en moyenne douze grossesses, qui en outre ne se déroulent pas toujours dans les meilleures conditions. Et puis, la vie est dure, nous ne mangeons pas assez équilibré.

Je ne devrais pas y penser. Si je fais le compte, j'ai déjà vécu un tiers de ma vie. Je devrais me débarrasser de ce défaut. Qu'ai-je donc à tout vouloir rationaliser ? Tout compter ? Cela me renvoie à la mort de maman, qui a déjà dépassé cette moyenne macabre. Que deviendrions-nous ? Cette simple pensée me fait monter les larmes aux yeux. Je ne veux pas pleurer. Je vais encore causer plus de souci à maman. Elle me demandera pourquoi je pleure et je serai bien embêtée de lui dire la vérité et de lui dérouler ce scénario dramatique.

Je me concentre sur Shoukria qui dévore une pastèque. Elle ne ressemble à aucun de nous. Elle

1. Signifie littéralement « grand-père ».

a la peau bien plus mate, un regard vif et des yeux de chat. Un vrai regard persan ! On se moque d'elle en lui disant qu'elle est « noire ». À sept ans, Shoukria est une enfant facile et pleine d'humour. Elle vous regarde avec ses yeux malins, vous décroche ce sourire qui fait fondre et sans même le moindre mot vous culpabilise d'avoir été moqueur.

Dans un coin, Farhad et Fawad se font une toilette de chat. Ils profitent du ruisseau pour se laver les pieds et le visage. Ils ont ramassé des *rohas*, une sorte de grosse baie couleur vert pomme. On l'utilise pour se laver les dents, sans brosse et sans dentifrice évidemment ! Le goût est acide. Il faut frotter les dents avec vigueur. Il paraît que cela les blanchit. Farhad et Fawad font très attention à leur apparence. Bien plus que nous les filles ! On ne peut même pas se moquer de cette coquetterie qui tranche avec l'air viril qu'ils veulent se donner. Cela ne se fait pas. Beaucoup de garçons afghans sont ainsi.

En ce moment, nous vivons au jour le jour et cette journée à Ghul Dara nous aura au moins permis d'évacuer nos soucis pour quelques heures. Chaque semaine draine son lot d'incertitudes. Par exemple, ce mois-ci, nous ne pouvons pas payer le loyer de la maison. Maman pleure souvent à la simple idée de devoir quémander un délai supplémentaire au propriétaire. Comment pouvons-nous manquer à ce point d'argent alors que chacun de nous travaille si dur pour en ramener ? Cette réalité, nous l'avons oubliée le temps de cette balade. Sur le chemin du retour, je suis prise d'un chagrin enfantin. La vie est un tissu de joies et de peines entremêlées. Aujourd'hui, j'ai vécu une telle excitation que ma peine de quitter tout cela est d'autant plus forte. Je tente de me raisonner. Nous retournerons à Ghul Dara dans quelques semaines. Rien à faire. En m'endormant, de lourdes larmes mouillaient encore mon col à l'idée de retourner à la vie normale. Khaleda s'en est aperçu et m'a demandé si ça allait. J'ai dit oui pour ne pas avoir à parler.

10.

La dépression

Quand je dis que nous sommes « happés par les trous noirs » de maman, je veux dire en fait qu'elle nous transmet une angoisse terrible. Je ne crois pas me souvenir avoir jamais vu ma mère sourire. Elle est dans une lutte permanente contre elle-même et ses mauvaises pensées qui affleurent quotidiennement. Dans ces moments-là, ma mère est capable d'oublier que nous existons. Elle ne nous fait plus à manger. Elle s'installe par terre dans une pièce. Entre nous, on appelle ça la zone maudite. Maman part. Elle ne délire pas. Elle s'enferme dans un mutisme effrayant. Nous ne savons jamais combien de temps cela peut durer. Parfois quelques heures, parfois quelques jours. Nous avons appris à ne plus nous en inquiéter. C'est comme un voyage en solitaire qu'elle a régulièrement besoin de faire pour retrouver sa route... et la nôtre.

La maladie de maman est un mystère. Il y a quelques années, elle a consulté des médecins pour en trouver la cause. Comme tout ce qui touche à ma mère et à son esprit tortueux, cela a été une vraie galère de lui faire accepter l'idée de la maladie. D'abord, ma mère ne voulait absolument pas consulter. Cela voulait dire quitter la maison et elle ne s'en sentait pas capable. Deux ans après le départ des talibans, s'aventurer en ville restait pour elle une angoisse terrible. Il n'était pas question non plus de la faire examiner par un homme. Ce qui réduisait grandement la chance de trouver un spécialiste à même de comprendre les causes de sa maladie. La majorité des femmes médecins avaient fui l'Afghanistan entre 1996 et 2001 sous le régime des talibans et tardaient à revenir. Et les jeunes étudiantes en médecine avaient vu leurs cours s'arrêter brutalement.

Un jour d'hiver, alors que je ramassais un hebdomadaire *Kabul weekly* tombé par terre, mon regard s'est arrêté sur un article. Il était titré « Le jardin des femmes soigne le cœur et l'âme ». En prolongeant la lecture, j'y ai appris qu'un jardin était exclusivement réservé aux femmes. En plus de proposer des cours d'alphabétisation ou de couture, on pouvait avoir un rendez-vous avec une femme médecin.

Je me souviens parfaitement du jour où nous avons poussé les grilles de ce parc un peu particulier. Khaleda, ma grande sœur, était de la partie. Nous avons mis nos plus beaux *panjabis* [1], ceux en velours bordeaux, avec le voile assorti aux reflets légèrement irisés. Nous avons pris le taxi toutes les trois.

« Bagh-e-Zanana [2], s'il vous plaît. »

Le chauffeur n'a pas compris. J'ai sorti de ma poche la coupure de presse mais il ne savait pas lire. Il nous a dit :

« Montez toujours. »

Je suis toujours assez sceptique quant à la capacité des chauffeurs de taxi à nous amener au bon endroit. Ils ne disent jamais non, comme si cela pouvait être une faute professionnelle de dire « je ne sais pas ». Je me suis encore fait avoir. J'ai toujours tendance à vouloir y croire. Avec ses lunettes épaisses, son sourire édenté et sa belle barbe blanche, je lui ai fait confiance. C'est en voyant à son poignet une montre sans cadrant que j'ai réalisé que j'avais peut-être eu tort. En voilà encore un qui vit hors du temps et de la réalité... Ils se sont bien trouvés, avec maman ! Évidemment, le taxi nous a déposés à l'autre bout de la ville. Le chauffeur s'est retourné avec un

1. Tenue composée d'un pantalon large, d'une tunique longue et d'un voile assorti.

2. « Le jardin des femmes ».

air satisfait et sûr de lui et nous a demandé 100 afghanis [1] ! Une fortune alors que nous étions à l'exact opposé de notre point de rendez-vous. Et en plus, il allait falloir repayer un taxi pour faire le chemin inverse. J'ai commencé à paniquer et les larmes me montaient aux yeux. Je ne savais pas du tout où nous étions, je ne reconnaissais plus rien et il ne fallait pas compter sur maman pour me sortir de cette mauvaise passe. Elle était enfoncée dans son siège à l'arrière. Figée sous sa burqa. Pas un mot, pas un souffle, pas même un geste pour m'aider. C'est alors que j'ai dit :

« Écoute, *Coco*. Je te demande de me conduire à un endroit et tu me déposes à l'opposé en me demandant en plus beaucoup d'argent. Si je te paye, je ne peux pas prendre un autre taxi. Je dois repartir à pied et je vais manquer mon rendez-vous. S'il te plaît, pour 100 afghanis, conduis-nous à Bagh-e-Zanana. »

À force de discuter, il a fini par céder. Je le soupçonne d'avoir fait exprès de rouler très doucement. Il s'est arrêté vingt fois pour demander son chemin avant de nous laisser avec une mauvaise humeur évidente devant le lourd portail de bois.

1. Équivaut à 1,6 euros.

Dans la tradition perse, les femmes ont toujours un jardin à elles pour pavoiser et prendre du bon temps. Pendant la guerre civile puis sous les talibans, ce jardin était devenu une décharge où les immondices s'accumulaient. Enfin, c'est ce que nous a raconté une des gardiennes de ce temple féminin. Passé le portail, un petit bazar propose des vêtements et des objets exclusivement réservés aux femmes. Nous n'avons pas pris le temps de nous y attarder pour ne pas nous frustrer. Le jardin venait tout juste d'ouvrir. Les balançoires étaient toute neuves. Mais, Dieu ! il n'y a rien de plus triste qu'un jardin en devenir ! Il y a quelque chose de ridicule dans ces arbres si frêles, ces massifs qui semblent encore en jachère et cette pelouse timide. Le centre ressemblait à un cube de béton posé au milieu du jardin. Maman avait relevé sa burqa en arrière, ce qui lui donnait presque un air de madone si elle n'avait pas eu le visage aussi fermé. Elle traînait clairement des pieds et affichait une mine contrite de se voir ainsi bousculée dans son quotidien par ses filles. Nous avons trouvé la salle de consultation. D'autres femmes attendaient leur tour. Ma mère ne leur a adressé aucun regard. Nous les avons saluées pour elle. D'un petit regard gêné, la tête légèrement inclinée sur le côté droit en signe d'indulgence, nous nous sommes excusées subtilement de son attitude. Il faisait très froid et le couloir était ouvert à tous les vents. Un *burali*, un poêle à bois en fonte, renvoyait une chaleur immédiatement dissipée par les courants d'air. Maman a été appelée au bout d'une bonne heure par une femme en blouse blanche, un peu empâtée. Elle avait un sourire gentil et affectueux qui laissait présager un contact facile. « Latifa Mohamadi, a-t-elle dit d'une voix claire, suivez-moi, s'il vous plaît. » Nous sommes restées avec Khaleda à attendre. Je suis sortie pour regarder les enfants faire de la balançoire. Bizarrement, le froid semblait moins pénétrant à l'extérieur. Je ne sentais plus l'extrémité de mes mains ni de mes pieds. Une femme s'est approchée de moi et m'a dit : « Il fait particulièrement froid cet hiver. Je pense qu'il va bientôt neiger. » Nous étions début décembre 2004. Les premières neiges arrivent généralement autour de la mi-décembre. C'est toujours un moment d'excitation incroyable le premier jour. On fait des boules de neige, et puis le lendemain, transis de froid, on regrette déjà les beaux jours.

Étourdie par le froid, je ne me suis même pas rendu compte qu'on m'appelait : « Mademoiselle Diana Mohamadi, s'il vous plaît, suivez-moi. » Le bureau était assez petit, ensoleillé et très clair. J'ai remarqué au fond de la pièce un bébé enroulé dans des langes qui le maintenaient fermement. Seule la tête dépassait. Le nouveau-né semblait endormi. « Elle n'a pas dû pouvoir le faire garder », ai-je pensé. Deux chaises faisaient face à un bureau où il n'y avait qu'une feuille et un crayon. Khaleda et moi nous sommes assises face au médecin qui nous regardait avec bienveillance. Je me sentais un peu gourde sur ma chaise et je tripotais nerveusement ma tunique. Le médecin nous a alors dit : « Votre maman souffre d'un mal qui n'a rien d'extraordinaire ici. Elle est très dépressive, ce qui explique qu'elle s'enferme parfois dans le silence et des attitudes prostrées. Votre mère n'y est pour rien, ce n'est pas sa faute, ce n'est pas la vôtre non plus. » Le médecin a ensuite essayé de nous raconter la chimie du cerveau et ses dérèglements. Je n'ai pas bien compris. Tout ce que j'ai retenu, c'est que maman est dépressive, que cela peut se soigner mais que les médicaments coûtent cher. « Vous savez, votre mère n'est pas un cas unique. Les femmes ont beaucoup souffert pendant la guerre. Elles ont été privées des droits les plus ultimes et sont restées longuement enfermées. Beaucoup ne s'en sont jamais remises et souffrent aujourd'hui de dépression. »

« Dépression », je n'avais jamais entendu ce mot. Khaleda non plus. Et maman encore moins. Le médecin nous a serré la main et souhaité bon courage. J'ai été émue par ce signe amical et rassurant.

11.

Fariba

Aujourd'hui, j'ai acquis la conscience aiguë du temps qui passe. J'ai rencontré la maman de Fariba. Cette fille était tout ce que j'aurais aimé être. Elle était vive et joyeuse. Elle avait aussi une gravité étonnante pour son âge. Je dirais qu'elle était responsable. Fariba était une camarade de confiance avec qui j'aimais faire le trajet pour aller à l'école. On se serrait l'une contre l'autre et les gens disaient sur notre passage : « On dirait deux sœurs. » Je buvais ces paroles tant Fariba était un modèle. Que je pusse lui ressembler au point qu'on nous prenne pour des sœurs était le plus beau compliment qu'on pouvait me faire. Nous marchions toutes les deux à la même cadence. Si l'une de nous ralentissait et brisait cette belle harmonie, l'autre s'arrêtait pour reprendre le même rythme. Lors de nos rares disputes, et c'était déjà trop, nous ne marchions plus du même pas synchrone. C'était le signe évident que quelque chose clochait. La plupart du temps, nous étions dans notre bulle. L'une commençait une phrase que l'autre finissait. Nous marchions tête basse pour ne croiser aucun regard d'homme et en faisant le minimum de pas pour ne pas salir nos uniformes noirs avec cette fine poussière qui se soulève à chaque foulée. Fariba partageait avec moi le secret de ces quelques heures passées dans la rue à vendre des broutilles. Nous faisions équipe et nos mères étaient soulagées de nous savoir toujours ensemble. Elle était la douceur même quand moi, j'étais la chef de bande, une forte tête qui ne s'en laissait pas conter. Pas bagarreuse, non, mais il ne fallait pas non plus me chercher des noises. Nous nous arrangions parfaitement de ces caractères complémentaires. Nous avons toutes les deux commencé à l'âge de sept ans.

Mon territoire s'étendait du magasin de fourrure The Leopard Snow Shop jusqu'à la Bamyan Gallery. Un jour, j'ai reconnu une silhouette familière. Je me suis précipitée vers elle, laissant Fariba descendre seule la rue vers le marchand de *kilims* [1].

---

1. Désigne un tapis de laine tissée à point plat qu'on trouve principalement au Proche-Orient, dans le Caucase ainsi qu'en Asie Centrale et qui aurait vu le jour il y a près de dix mille ans.

Je faisais mon petit numéro de charme habituel, proposant mes services en tant que *bodyguard* les yeux pétillants et la voix chevrotante quand j'ai entendu l'explosion. Trop surprise, je n'ai pas compris tout de suite. Et puis j'ai vu les gens courir et crier. Je n'ai pas couru. J'ai même marché le plus tranquillement du monde. J'ai tout vu au ralenti. Le cadavre du kamikaze et son corps en lambeaux. Une jeune Américaine gisait à terre. Ce n'est qu'au bout de quelques secondes que j'ai vu le corps de Fariba. Ce jour-là, j'ai grandi d'un coup. J'ai compris que la vie pouvait s'arrêter net. J'ai appris la malchance ou l'injustice de se trouver au mauvais endroit au mauvais moment. À la radio, le soir, les journalistes ont parlé de l'horrible destin de cette jeune Américaine engagée dans l'armée qui était juste venue se faire soigner le pouce à Kaboul alors que sa base était en Ouzbékistan voisin. Dans le grand cirque médiatique, cet attentat kamikaze était fort symbolique dans une rue où les étrangers viennent faire leurs courses. Rien sur Fariba, comme si sur l'échelle des valeurs mondiales la mort avait plus ou moins de prix. Elle aura traversé sa vie discrètement et sera partie anonymement.

Ce matin, en croisant sa maman, j'ai repensé à ce jour. J'aurais voulu lui dire que tout ce que je fais aujourd'hui, c'est dans le souvenir de Fariba. Que je garde une photo de nous deux précieusement, comme une relique. J'aurais voulu lui dire que je l'aimais comme une sœur, mais je n'ai pas osé. La douleur masque ses traits qui étaient si doux avant le drame. Nous avons échangé les salamaleks d'usage, pris des nouvelles de la famille. Derrière chaque mot, le poids de l'absence de Fariba pesait lourd.

Ce drame a touché toute la famille. Maman nous a interdit de retourner travailler dans la rue tout le temps des élections présidentielles de septembre 2004. Et puis le Président Hamid Karzai a été élu, la vie a repris son cours. Je suis étonnée chaque fois de notre capacité à oublier. Nous sommes repartis travailler. Dans la même rue. Face aux mêmes devantures. Maman ne sort jamais de la maison, elle. Elle ne peut pas se rendre compte combien cet emplacement est chargé d'un souvenir douloureux. Elle se dit que c'est comme pour tout, nous oublierons.

12.

Mon oncle

Mon oncle, le frère de papa, est venu dîner hier soir. C'est lui qui, depuis que papa est parti, est chargé de prendre régulièrement de nos nouvelles. Et en cas de coup dur, de nous apporter son soutien. C'est un personnage rustre et brutal. Il n'hésite pas à nous taper quand il n'est pas content et maman n'a pas son mot à dire.

Il est arrivé hier soir vers 20 heures alors que maman préparait le repas dans la cour. Nous n'avons pas de cuisine mais un *tandoor* [1], un four à bois qui nous permet de cuire le pain et les légumes. Nos repas ne sont guère variés, mais maman arrange toujours les plats avec soin. Si bien que le plaisir de les regarder nous met

1. Le *tandoor* est une sorte de four en terre cuite en forme de jarre, traditionnellement enfoui dans le sol.

toujours en appétit. Ce soir, maman cuisinait mon plat favori, des *pakawra*, une sorte de beignets de pomme de terre aussi bons que gras. On les trempe dans un chutney, une sauce aigre-douce, à la coriandre, qui fait fondre les papilles. Je suis gourmande mais pas esthète. La cuisine raffinée est réservée à l'élite. Nous aimons ce qui est consistant. Je m'arrête de manger quand j'ai l'estomac lourd.

Pour revenir à mon oncle, il est donc arrivé hier soir à l'improviste. Il a commencé par dire à maman : « Vous mangez bien tard. » Elle, évidemment, a trouvé une excuse dont j'ai même oublié le sens tellement elle m'a semblé ridicule. En trois regards et deux interjections, les petits ont compris qu'il fallait débarrasser le salon de leurs cartables et jeter les pelures d'oignon qui jonchaient le sol. La nappe en plastique bordeaux a été déroulée sur la moquette. Khaleda s'est empressée de proposer un thé. Rohina a apporté les amandes et Bassira, le sucre, qui a encore pris l'humidité. Mon oncle Ahmed a trébuché sur les quatorze paires de chaussures qui traînent en permanence dans l'entrée. Bassira a réprimé un rire. J'ai détourné la tête pour ne pas croiser son regard. Nous sommes les reines des fous rires sans fin. Mon oncle n'aurait sûrement pas apprécié. Il est policier et s'occupe de la circulation. Je le croise de temps en temps dans mes pérégrinations dans Kaboul. Il a un képi, un sifflet et un panneau

« stop » dans la main droite. Il ressemble à un pantin désarticulé qui peine à imposer son autorité dans cette circulation anarchique. Quand je le croise, j'ai presque de la pitié pour cet homme ridiculisé toute la journée et qui exerce avec brutalité son autorité, le soir, de retour chez lui. Les situations de faiblesse, des bons comme des méchants, me mettent toujours très mal à l'aise.

Les jambes croisées au bord de la nappe, l'index et le majeur repliés pour faire des boulettes de riz, sa *shalwran kamiz*[1] soulignant un ventre qui commence à être replet, mon oncle s'engage sur le terrain glissant de la politique. Je ne prétends pas y connaître grand-chose et j'écoute d'une oreille distraite le journal. Cependant, à bien regarder mon oncle avec ses manières grossières et ses yeux roulants sur mes sœurs aînées, je l'imagine mal avoir un avis prodigieux sur le cours des événements en Afghanistan.

Aujourd'hui, le Président Karzai, lors d'une conférence de presse au palais présidentiel, a menacé le Pakistan de l'attaquer. Dans la rue, les gens ne parlaient que de ça, d'une guerre imminente. Moi, j'ai appris à vivre au jour le jour. Je

1. Tenue traditionnelle des hommes afghans composée d'un pantalon bouffant retenue par une ceinture de laine et d'une longue tunique.

n'anticipe plus rien tant les situations de crise retombent généralement comme des soufflés. « Cela fait des années que le Pakistan veut nous déstabiliser avec ses services secrets, tempête mon oncle, des années qu'il aide les talibans à se reconstituer dans leurs zones tribales avec des camps d'entraînement et des armes. Tant que ces sanctuaires ne sont pas attaqués, nous ne serons jamais en sécurité. »

Je sais reconnaître le trouble de maman. Dans ces moments-là, elle se contente de baisser les yeux et de laisser parler. Son avis importe peu. Mon oncle ne lui laisse de toutes les façons pas le choix. Il s'éternise dans un long monologue où l'Afghanistan finit invariablement par être la victime consentante de ses voisins iraniens et pakistanais. Nous, les Afghans, ce n'est jamais notre faute.

Mon esprit est déjà bien loin. Comme celui de maman. Je sais que nous sommes au même endroit. Notre esprit a pris la route du Silo vers Karte Seh. Dépassé la route qui mène au lac de Qargha. Il a déjà franchi le dernier check-point à la sortie de Kaboul. S'est engagé sur la route du sud qui mène à Kandahar. Il a croisé à toute vitesse la ville de Ghazni et ses minarets datant du XVIe siècle. Nous avons bifurqué sur la gauche. Nous sommes toutes les deux dans le salon de ma sœur Farzana. Et nous souffrons toutes les deux en communion. Mon oncle, je ne l'entends plus.

J'attends qu'il parte. Je sais que maman viendra alors à mes côtés. Elle enlèvera son voile et s'ébouriffera les cheveux. Si elle est d'humeur consolante, elle prendra ma tête sur ses genoux et me caressera la joue dans un geste d'apaisement. C'est le signal que nous pouvons alors parler de Farzana.

13.

Farzana

De mon aînée, je garde le souvenir d'une fille joyeuse. Farzana avait treize ans quand elle a quitté la maison. Elle en a vingt-trois aujourd'hui. Elle avait les traits doux et des yeux en amande couleur chocolat. J'imagine que ma mère a été un peu déçue quand Farzana est née. Il vaut mieux offrir un garçon en premier, histoire d'assurer la descendance. Heureusement, Farhad et Fawad sont nés peu de temps après. Farzana était une petite fille charmante et travailleuse. Ma mère était fière d'elle. Elle était toujours première à l'école et respectueuse de ses frères. Elle avait, d'après maman, quelque chose de différent. Une forme de gravité sans doute prémonitoire. Je ne m'en souviens plus très bien. Dans mes rêves, Farzana est toujours une petite fille de treize ans et moi, j'en ai trois. C'est elle qui a le plus souffert des talibans car elle a dû arrêter l'école lors de sa septième classe (le système scolaire en compte douze). Pour s'occuper à la maison, et plutôt que nous nous ennuyions collectivement, elle nous a appris à lire et à écrire. Elle nous réunissait dans la pièce du bas de la maison et elle jouait à la maîtresse très sérieusement. Grâce à elle, je savais compter à trois ans et mes sœurs ont pu apprendre à lire. Nous formions une fratrie solidaire autour d'elle. Elle nous racontait aussi beaucoup d'histoires inspirées de son enfance. Elle les inventait certainement au moment où elle les racontait, mais on adorait voir son visage mimer la colère en roulant des yeux et en fronçant les sourcils ou s'éclairer joyeusement à la seule évocation d'une sortie de classe au musée de Kaboul. Parfois, elle prenait un air plus grave quand elle évoquait le destin de l'Afghanistan.

Chez nous, la politique est une histoire de famille. Mon père d'abord. Ancien opposant au régime communiste de Najibullah. Il a lutté dans l'ombre. Ma mère ensuite. Féministe sans le savoir et sans même en comprendre vraiment le sens. Elle lutte à son échelle pour que nous, ses filles, ayons une vie plus digne. Et puis il y avait ma grande sœur Farzana, qui nous racontait la guerre civile dont les combats urbains dans Kaboul et les roquettes ont rythmé la petite enfance. Elle se soulageait en nous décrivant les salves interminables qui continuent de hanter sa mémoire.

C'était un peu notre périscope, Farzana. On imaginait la vie du dehors à travers elle. On prenait de la hauteur et on survolait Kaboul rien qu'avec ses mots. Mieux qu'un périscope, la vie avec Farzana ressemblait à un kaléidoscope quand elle décidait d'y agrémenter quelques paillettes et des paysages en technicolor pour la rendre encore plus attrayante.

Quand elle est partie de la maison, cela a été un drame pour toute la famille.

14.

Wazir

À mon sens, la qualité la mieux partagée par les Kaboulis est un goût immodéré pour la poésie et l'absurde. On dit par exemple que les chèvres regardent toujours à gauche et à droite avant de traverser la rue. C'est la discipline dans l'anarchie... ou l'anarchie disciplinée, je ne sais plus bien. Kaboul, la capitale, est un joyeux bazar. Et encore, c'est un doux euphémisme ! On dirait une brocante à ciel ouvert où se télescope une modernité qui est arrivée sans prévenir. En cinq ans, tout le monde a eu son téléphone portable. J'ai même croisé la semaine dernière un homme avec les deux mains amputées ; ses prothèses avaient été réglées de sorte qu'il pouvait tenir un portable dans la main droite et une cigarette dans la main gauche, les deux grands vices de l'homme afghan !

On dit aussi que la colère divine s'est arrêtée le jour où les talibans ont quitté Kaboul et que le ciel a recommencé à déverser une pluie porteuse de bonnes récoltes après dix ans d'une sécheresse insupportable. Depuis, chaque fois que j'emprunte avec ma mère le pont qui mène au bazar, je ne peux m'empêcher de regarder ce que fut la rivière Kaboul. Des vendeurs ambulants proposent encore des cartes postales en noir et blanc du bazar dans les années 1970. Du temps où les touristes venaient encore à Kaboul... On y voit une rivière abondante, gorgée de l'eau de fonte des glaciers. Le débit est rapide et semble violent. De la rivière Kaboul ne reste aujourd'hui qu'un cours d'eau timide, qui semble presque s'excuser d'exister. Mais cette eau saumâtre, charriant toutes les ordures de la ville et une odeur nauséabonde, aux yeux des Kaboulis comme moi, reste symbolique d'un retour à la paix, même relative.

J'aime ma ville. Elle semble en quête permanente d'une identité. Un peu comme nous tous d'ailleurs. Elle est à l'image de ses habitants, disparates, complexés et volontaires. J'ai souvent entendu dire que « Kaboul est un village lépreux ». Encore des stéréotypes ! Aujourd'hui, la ville est en train de changer à une vitesse folle. La semaine dernière par exemple, la mairie a installé des feux de circulation. Un panneau lumineux affiche les temps de passage. Une minute, pas plus. Je n'ai pas encore vu une seule voiture respecter cette signalisation.

J'ai très peu de temps pour moi. Mais quand j'arrive à glaner quelques heures, parfois au prix de ma scolarité, j'aime aller à Wazir Akbar Khan, un quartier riche du nord de Kaboul. C'est un de mes quartiers favoris. Il se trouve au pied de la colline où les Russes, au temps de l'occupation, avaient construit une piscine olympique avec un plongeoir de 10 mètres. Aujourd'hui, la piscine est désespérément vide et sert de terrain de foot. À Wazir vivent surtout les étrangers qui peuvent payer des loyers exorbitants. Il paraît qu'ils sont encore plus chers qu'à Paris ou à Londres. Je n'ai guère de point de comparaison. Nous, nous payons avec la plus grande peine un loyer de 100 dollars par mois. Les maisons de Wazir datent des années 1970. Elles en ont gardé une patine agréable qui n'a pas si mal vieilli. Le temps semble s'être arrêté il y a quarante ans, époque où Kaboul était encore une ville qui s'assumait et aimait faire la fête. Les rues n'ont pas de nom mais des numéros et se ressemblent toutes, perpendiculaires les unes aux autres, comme un grillage. Je m'y perds en permanence. Invariablement, je me retrouve au pied de la colline de Tapa-e-Bibi Mahro. Un parterre de roses a été planté l'année dernière. Il embaume l'atmosphère. Les Afghans ont peu de plaisirs, mais ils ont pour les fleurs une passion sincère. Les femmes ont souvent le diminutif Ghul, « la fleur », accolé à leur prénom. J'étais sur ce parterre de roses quand un garçon m'a apostrophée gentiment. J'ai détourné la tête pour éviter de croiser son regard. Il y avait des familles qui passaient et je ne voulais pas qu'on croie que j'étais venue retrouver cet adolescent. Et puis j'avais vaguement honte de faire l'école buissonnière. Avec mon voile blanc sur la tête et mon uniforme noir, je ne pouvais pas faire illusion à cette heure de la journée. J'ai respiré à pleins poumons l'odeur sucrée dégagée par les roses. Le jardinier qui en prend soin les arrose tous les matins alors que la moitié des Kaboulis vont chercher leur eau aux puits. Pour une simple rose, l'homme le plus viril oublierait ses penchants machistes. Cela prouve que nous savons encore un peu vivre et trouver de la douceur dans ce bas monde !

Dans ce quartier aisé, un petit supermarché a ouvert récemment et propose même des produits surgelés. Je l'ai remarqué en passant devant. C'est drôle que je m'arrête à ce genre de détail. Nous n'avons même pas de frigo à la maison, ce qui nous oblige à faire les courses tous les jours. C'est l'attrait de la nouveauté et la fierté de voir que nous aussi avons droit à des supermarchés, même s'ils sont réservés à l'élite. J'ai entendu des étrangers dire qu'« ils y trouvaient tout ce qu'ils voulaient ». Ils ont ajouté avec une pointe de plaisir non dissimulé ; « même du fromage ».

15.

Jour de deuil

Notre voisin Farid Hussein est mort hier. J'étais lancée dans la lessive quotidienne quand j'ai entendu des pleurs s'élever de la maison voisine. Je ne connaissais pas bien *ostad*[1] Hussein. C'était un homme que je croisais parfois en rentrant de l'école. Il marchait courbé et semblait porter sur ses épaules tout le poids d'une vie dont j'ignore l'histoire. Il était toujours d'humeur constante et me saluait avec une bonhomie qui tranchait avec un physique glabre. Il était d'une maigreur qui faisait tellement ressortir les os de son visage qu'on aurait pu les compter. Un nez aquilin lui barrait la figure et lui donnait un air très graphique. Quand je le croisais, il plantait ses deux

1. Formule de politesse pour « monsieur ».

yeux vert d'eau dans les miens et me disait d'un ton grave : « Bonjour. Comment vas-tu ? Et ta santé ? Et la famille ? Tu as reçu des nouvelles de ton père ? », et je lui répondais invariablement : « Bonjour, *ya ostad*[1]. Je vous remercie, je me porte très bien. Et vous, la famille ? Mon père n'a pas encore téléphoné, mais la dernière fois il paraît qu'il allait bien. » Nos échanges étaient toujours banals mais empreints d'une affection sincère et désintéressée.

Il est mort à 11 h 15, je le sais car je me suis précipitée à la maison pour lire l'heure quand j'ai entendu les pleurs ; je me suis dit « comme ça, si personne ne sait à quelle heure le drame s'est déroulé, je pourrai dire qu'il était 11 h 15 ». Encore mon défaut de devoir tout compter...

La nouvelle s'est répandue à toute vitesse dans le quartier. La famille a tendu un voile noir devant la porte de la maison et famille comme voisins ont commencé à défiler pour porter un dernier hommage à Farid Hussein. Les femmes sont dans une pièce à part et pleurent aussi fort qu'elles peuvent. C'est un des rares moments où elles ont le droit d'être démonstratives, alors je pense qu'elles en profitent un peu. Les hommes sont dans une autre pièce et veillent le corps, qui a été lavé et enroulé dans un drap blanc qui sert

1. Formule de politesse qui signifie « Monsieur ».

de linceul. Dans notre religion, le corps doit être enterré avant la tombée de la nuit, et seuls les hommes y participent. Le pauvre Farid Hussein n'a pas eu très loin à aller pour son dernier voyage : nous vivons à côté du cimetière. Un trou a été creusé dans la journée. J'ai vu les fils de Farid Hussein le faire quand je partais pour l'école à 12 h 15. Une heure plus tard, ils n'ont pas perdu de temps ! J'ai croisé quelques voisines qui venaient soutenir la femme de *Coco* Hussein. Elles avaient le visage exagérément défait. Je les connais bien. Ce sont des commères. Elles ont dû trouver formidable cette occasion de pouvoir parler et d'animer des journées qui sont bien mornes. Ma mère a refusé d'y aller pour ne pas avoir à côtoyer ses voisines. Quand elles cherchent des occasions de sociabiliser, ma mère, elle, les fuit avec une vigueur inhabituelle. J'irai avec elle à la cérémonie la semaine prochaine. Pendant quarante jours la famille va porter le deuil et recevoir chaque vendredi la famille et les amis pour évoquer le mort.

En me couchant hier soir, j'ai quand même eu la sensation que Farid Hussein allait me manquer. Il était la bonté même. Je regrette maintenant de ne pas être allée saluer sa femme. Mais je devais terminer la lessive et me préparer pour l'école. Si j'avais eu un peu de cœur, j'aurais accéléré pour gagner du temps et je ne me chercherai pas maintenant des excuses que je trouve lamentables. Il faut que j'assume. Je n'ai pas eu la force ou l'envie. Sans doute beaucoup de paresse aussi. J'y pense en me grattant nerveusement les petites cuticules qui entourent mon ongle. J'ai fini par m'arracher la peau avec les dents et par saigner abondamment. Cette douleur physique me donne l'impression de concentrer toute ma honte et ma méchanceté. Je ne suis pas toujours celle que j'aimerais être. Je me laisse duper par la Diana paresseuse qui passe son temps à s'excuser de n'avoir pas fait. J'ai manqué mes « au revoir » avec Farid Hussein et c'est irrévocable. Il était 11 h 15. J'ai été une mauvaise voisine.

16.

Trois journées en une

J'écris ici tout ce que je n'ose pas dire. Et puis je ne sais pas à qui parler. Je me laisse submerger par mes émotions et je perds souvent le fil de ce que je veux dire. Je suis assez complexée aussi par mon manque de vocabulaire. Alors je parle le plus lentement possible, je choisis mes mots. Je me donne un air savant qui contraste avec la banalité de ce que je raconte. Je m'en rends compte souvent au moment où je parle. Tout d'un coup, j'ai un éclair de lucidité et je ressens physiquement ma présence, flottante, et mon esprit verbeux. J'ai un malaise général qui me bloque dans ce que je viens de dire. Parfois, je bafouille. C'est une sensation étonnante de percevoir son enveloppe corporelle. En général, cela m'arrive en public. Je me suis souvent demandé si les gens en face de moi le percevaient. Je suppose que non. Autrement j'aurais déjà eu quelques remarques. Il n'est pas bon d'être trop sensible en Afghanistan. Je le sais bien, alors je me maîtrise. Autant que je peux.

J'ai travaillé toute la journée d'hier sans m'arrêter. Pour oublier et pour m'enfuir. Maman est encore dans une de ces journées où il vaut mieux quitter la maison. Hier soir, elle a tapé Bassira sans raison apparente. Elle lui a tordu le poignet et ma sœur a hurlé de douleur. C'est la main droite. Je lui ai fait un bandage bien serré. Je ne crois pas qu'elle ait la main cassée mais sans doute une belle entorse. De toutes les façons, il n'est pas question d'aller à l'hôpital pour vérifier. Nous n'avons pas l'argent. Cette nuit, Bassira s'est collée tout contre moi comme si je devais encore la protéger de quelque chose. J'ai senti cette nuit qu'elle avait besoin de réconfort. Nous nous sommes levées comme tous les jours à 4 heures du matin avec Raissa. Tous les jours, nous partons à l'autre bout de la ville, à Tamesquan, pour faire les courses. C'est un genre de marché au gros. Le soleil, en général, est en train de se lever et inonde la ville d'une lumière bleutée. Nous n'avons qu'à dévaler les ruelles pentues de notre quartier pour rejoindre la grande avenue. La station de bus se trouve à peine à 300 mètres. Quand nous avons de la chance, il y en a un prêt à partir et nous gagnons du temps. Nous nous asseyons devant, comme toutes les femmes ; les hommes, eux, sont à l'arrière. Il arrive souvent que nous terminions notre nuit dans le brouhaha du moteur diesel et des discussions. Tamesquan est le dernier arrêt de la ligne. Il faut encore marcher un kilomètre pour rejoindre le marché. Il y a des saisons où ce trajet est particulièrement pénible. Dans ces moments-là, je me sens errante et harassée.

Nous partons très tôt faire le marché car, avec le trajet, nous ne sommes jamais de retour à la maison avant 7 heures, où nous devons encore faire les lessives, la vaisselle et le déjeuner ainsi que nos devoirs. Il règne à Tamesquan une agitation difficile à supporter de si bon matin. Les maraîchers hurlent. Les compagnies de transport débarquent les légumes dans une odeur de pots d'échappement mal calibrés qui me donne la nausée. Les *karachi*[1] tirées par des chevaux ou des ânes fendent la foule d'acheteurs sans prêter attention aux pieds qui traînent et en se moquant bien de nous faire mal. Un jour, comme j'étais distraite ou alors complètement dans les vapes, mon pied est passé sous les roues d'une cariole transportant des kilos de pastèques. J'ai ressenti une douleur tellement vive que je suis tombée dans les pommes. Mon pied a été brisé et j'en

1. Signifie une « charette ».

garde une légère faiblesse qui m'ennuie. Depuis, je suis particulièrement attentive, les sens aux aguets. Nous achetons toujours la même chose : des tomates, des patates, des aubergines – la base de notre alimentation – et de l'herbe pour nos chèvres. Nous en avons trois qui vivent dans la cour de la maison. C'est très précieux pour nous de les avoir car nous avons ainsi du lait frais presque tous les jours. Mais il faut bien les nourrir, faute de pâturage autour de Kaboul. Quand nous n'avons pas assez d'argent, nous leur faisons manger les ordures qui traînent à même la rue. Je marchande beaucoup car le cours des produits a considérablement augmenté et nous faisons difficilement face à cette inflation. Je connais quelques commerçants gentils qui acceptent de me donner les invendus. Pour cela, il faut traîner autour de l'étal et attendre la fin du marché. Ce n'est pas bien vu pour une fille de faire cela. Mais ai-je seulement le choix ? D'ailleurs, il est mal vu d'aller au marché tout court. C'est un endroit d'hommes. Je sens dans leur regard une grande désapprobation. Notre présence avec Bassira et Raissa est très mal perçue. Maman nous envoie toutes les trois pour qu'on se protège les unes les autres. Elle dit que bientôt nous ne pourrons plus faire le marché : nous avons treize, douze et onze ans et sommes en train de devenir des femmes. Bientôt, il faudra que mes petites sœurs prennent le relais. Je devrais me cacher du regard des hommes. Cette idée me révolte. Shoukria et Samira ne sont encore que des enfants et elles ne pourront jamais supporter cette charge de travail.

Nous ramenons tous les jours environs 14 kilos de légumes qu'on se partage à trois. Avec le poignet de Bassira douloureux, nous avons tout ramené à deux. J'étais tellement fatiguée que j'ai enfreint la règle maternelle : nous avons pris le taxi pour rentrer au lieu du bus, plus économique. Si maman n'est pas contente, je ne manquerai pas de lui rappeler que c'est elle qui a fait mal à Bassira. Sinon, j'emprunterai un peu d'argent à une copine pour maquiller cette dépense imprévue.

Quand nous sommes arrivées à la maison, maman était d'un calme étrange. Elle avait déjà déroulé la nappe par terre. Du pain, un peu rassis, trônait au centre. Le thé brûlant était prêt. Elle ne nous a posé aucune question. Nous nous sommes assises pendant que Rohina, Jamshed, Bilal, Shoukria et Samira partaient à l'école. J'ai bu mon thé sans un mot. Chaque gorgée me brûlait la gorge, mais cette douleur me faisait du bien. Elle contenait toute ma colère. Le pain datait sûrement de deux ou trois jours. Il avait un goût de carton poussiéreux. Maman a enfin ouvert la bouche : « Diana, il y a la lessive de tes frères à faire. » Sa bouche s'est tordue en une grimace un peu piteuse. Elle tripotait sa robe de velours bleu roi un peu nerveusement. Elle est pleine de trous à cause des braises qui sautent quand elle fait la cuisine sur le *tandoor*. J'aurais très bien pu dire un mot gentil comme à mon habitude. Cela aurait cassé le silence pesant. Mais j'ai décidé de prolonger encore un peu ce climat glacial. Bassira, la main toujours bandée, regardait avec intensité ce combat symbolique entre maman et moi. J'ai vu dans son regard qu'elle m'admirait un peu de lui tenir tête. Très lentement, je me suis levée. J'ai récupéré la grande bassine en inox. Tiré l'eau du puits. Et commencé à frotter les jeans de mes frères. J'ai frotté vigoureusement. Plus que de raison. Je me sens exténuée alors que la journée commence à peine. Je suis vidée. J'ai fini ma lessive à toute vitesse. Puis j'ai enfilé mon uniforme d'écolière après m'être rincé le visage et laqué les cheveux en arrière – ainsi, aucune mèche ne dépasse de mon voile. Dehors, c'était une étuve. Le couronnement de l'été. J'ai payé cher le prix de mon insolence. Je transpire à grosses gouttes et j'ai soif. Tout le long du chemin, pour rejoindre mon école de Malalai, j'ai médité sur notre situation et notre vie. J'étais tellement concentrée que je n'ai pas aperçu ma copine Homa qui me faisait signe de l'autre côté de la rue. Elle a crié « Diana ! » et je n'ai pas répondu. Quand je suis arrivée à la grille de l'école, le vieux gardien Dadullah chassait encore avec sa canne les quelques garçons qui osent venir regarder les filles à proximité de cet établissement exclusivement féminin. Dadullah nous fait rire avec ses manières fantaisistes. On dirait un clown un peu triste qui course tous les jeunes éphèbes. Immanquablement, il se fait dépasser dans cette course inégale entre la jeunesse insolente et la vieillesse résistante. Il revient la canne à la main sous le regard malicieux des filles qui le tancent gentiment. À force de méditation, la décision s'est imposée à moi : non, cette vie ne peut plus durer ainsi. Il faut que je parle à Farhad de maman. Ses accès de violence sont de plus en plus réguliers. Et malheureusement de plus en plus forts. Il faut trouver une solution. En d'autres lieux, d'autres temps, j'aurais été bouleversée. Aujourd'hui je ne suis qu'abattue et triste. J'ai l'impression de vivre un mauvais rêve.

Cours de biologie avec Mme Mudjahed. Pas la peine de s'appesantir là-dessus. La leçon a été d'un ennui mortel. Je n'ai absolument rien compris. Je n'étais pas la seule. La classe était particulièrement dissipée. La professeure a crié pour faire revenir le silence, sans résultat. J'ai même cru qu'elle allait quitter la salle. Aucun intérêt de développer ces trois heures qui ne m'auront été d'aucun réconfort.

Je n'ai pas fait le détour habituel par la maison pour me changer après l'école. J'ai gardé mon uniforme et me suis rendue dès 16 h 30 à Chicken Street pour commencer ma troisième journée. Je me jette à corps perdu dans le travail. J'ai vendu cinq foulards, une dizaine de boîtes d'allumettes et autant de chewing-gums. C'est une bonne journée. J'ai gagné l'équivalent de 30 dollars ! Pour fêter cela, j'en ai utilisé 5 pour me payer un hamburger et un soda avec mon copain Enayatullah. Je dirai à maman que j'ai gagné un peu moins. Je ne suis pas voleuse, j'arrange un peu la réalité. Je m'accorde l'argent de poche que maman ne me donnerait pas. Cela me permet de m'offrir quelques plaisirs. Des trucs à la mode comme ce stylo qui fait aussi vaporisateur de parfum ou encore de beaux cahiers. À propos de parfum, on m'a raconté une histoire étonnante. Il paraît qu'en France, le pays du parfum, des hélicoptères ou des avions, je ne sais plus bien, survolent tous les matins le pays en arrosant les gens de fragrances subtiles. Je ne sais plus qui m'a raconté ça. Mes copines aussi en ont entendu parler.

J'attends le bon moment mais il n'y en a jamais. Il faudra bien que je finisse par l'aborder. Farhad ne vit plus avec nous depuis trois ans. En fait, depuis qu'il a trouvé un poste de professeur d'anglais dans un collège voisin. Pour se faire un peu plus d'argent, il a accepté d'être gardien de nuit et il a donc à sa disposition une toute petite pièce qu'il partage avec deux de mes frères. Cela permet d'avoir plus de place à la maison, qui ne compte que deux pièces pour quatorze personnes. À onze, cela devient plus facilement gérable et vivable. Farhad est grand. Il fait sa vie et ne doit rendre de comptes à personne. Toutes les semaines, il passe nous voir, nous fait un planning avec les choses essentielles à faire et nous rappelle aussi nos devoirs. Mon frère est sévère et profondément croyant. Il nous tuerait si un jour il apprenait qu'on vole ou qu'on ment. Tous les soirs, maman prépare pour ses trois fils un dîner qu'elle leur porte. Elle leur fait toujours la même chose. C'est ce qu'ils préfèrent : des frites bien grasses avec un peu de coriandre. Ce n'est ni très varié ni très diététique, mais pour des garçons dans la force de l'âge, cela n'a pas grande importance. Quand Farhad vient à la maison, il parle avec maman. Il n'y a aucune intimité chez nous. Nous vivons les uns sur les autres. On se coupe la parole. On s'épie, on s'énerve et on finit par s'exaspérer collectivement. Je n'en peux plus de cette promiscuité qui m'interdit même de pouvoir aborder librement mon grand frère. Alors, j'ai trouvé une feinte. J'ai déchiré une feuille de mon cahier de devoir. Je me suis appliquée pour ne faire aucune rature. J'ai pris le stylo que j'aime bien, celui avec une encre violette. « Farhad *jaan* [1],

---

1. Ce mot, signifiant « mon cher », s'ajoute au prénom en signe d'affection.

il faut que je te parle. Retrouve-moi un jour à Chicken Street. » J'ai plié mon billet en quatre et le lui ai glissé discrètement dans une poche. Je prie pour qu'il le trouve. Je m'endors l'esprit presque apaisé.

À la fin de l'école, j'ai quitté précipitamment mes amies. Elles ont voulu savoir pourquoi. Je voulais voir si Farhad était à la sortie. Mais il n'y était pas. J'ai juste à traverser la rue et à passer devant le ministère de l'Intérieur pour rejoindre Chicken Street. J'ai quand même pris le temps de m'acheter un paquet de chips parce que j'avais le ventre vide et que la tête commençait à me tourner. Je l'ai dévoré le long du trajet. J'ai retrouvé Enayatullah et je lui ai lancé :

« Hé ! t'as pas vu Farhad, par hasard ?

– Non, je ne l'ai pas vu. Mais je viens tout juste d'arriver. Tu devrais demander à Mohammed. »

Mohammed, je l'aime bien. Il a toujours un large sourire qui lui mange les trois quarts du visage, à croire que c'est une grimace perpétuelle. Il n'est pas beau avec ses deux grandes oreilles décollées et ses yeux un peu trop enfoncés. Il est très maigre aussi. On dirait qu'il a grandi trop vite, car ses joggings sont toujours trop courts et le pouce de son pied gauche sort des tennis en toile qu'il porte sans chaussettes. Il ne donne pas l'impression de se rendre compte qu'il est un peu ridicule et c'est pour ça que je l'aime bien. Je pense qu'il a vécu des choses tellement dures qu'il a dépassé le stade où l'apparence est encore importante. Mohammed, c'est le garçon le plus vrai que je connaisse. C'est une qualité qui ne l'épargne pas. Un jour, un commerçant, pour rire, lui a balancé un saut d'eau à la figure. Mohammed dégoulinait des pieds à la tête. Il m'a regardé, surpris. Pourquoi lui et pas un autre ? Parce qu'il a l'apparence de la simplicité. C'est vrai et c'est tout à son honneur. Mohammed ne ment pas et quand il vous aime, il vous le montre au centuple.

Je l'ai aperçu qui traînait ses longues jambes vers le magasin d'articles de cuir. Il essayait de revendre une carte d'Afghanistan à une Américaine qui n'avait visiblement pas l'intention de lui céder quelques afghanis. Quand il m'a vu, il a relâché la malheureuse de son étreinte commerçante.

« Hé ! Diana *jaan*, comment vas-tu ?

– Tu n'as pas vu mon frère Farhad ? » lui ai-je répondu.

Il a pris son air maussade :

« Non, je ne l'ai pas vu. Qu'est-ce que tu lui veux ? Tu as besoin d'aide ?

– Non, Mohammed, ce n'est pas grave. Si tu le vois, tu peux lui dire que je suis en train de travailler au bout de la rue ? »

J'ai remonté la rue à toute vitesse. Je parie qu'il ne viendra pas. Je me sens si lasse et si seule. Je rêve de me réveiller un matin et de me rendre compte que ce n'était qu'un mauvais rêve et que j'ai droit au bonheur ! À la place, chaque jour est un peu plus pénible et mon avenir s'obscurcit sans que je puisse rien y faire. Aujourd'hui, je me sens impuissante et un peu résignée.

17.

La discussion

Je m'en veux terriblement d'avoir pu douter de Farhad. Comment ai-je pu croire qu'il m'abandonnait lui aussi ? Farhad travaille plus que de raison. Il n'a tout simplement pas eu le temps de venir me rendre visite. Je n'attendais plus rien de lui quand je l'ai croisé aujourd'hui sur le chemin de l'école. Il avait une chemise que je trouve un peu trop cintrée, les cheveux gominés en arrière et des chaussures pointues qui lui font des pieds immenses. Il m'a dit : « Diana, tu voulais me parler, je crois », avant d'embrayer sur son emploi du temps si chargé en ce moment. Farhad voudrait créer une école d'alphabétisation pour les femmes afghanes. Il cherche à obtenir de l'argent des donneurs internationaux qui financent ce type de projets à condition de fournir les garanties nécessaires et de justifier de l'intérêt d'un tel projet. Beaucoup d'Afghans ont monté des organisations non gouvernementales fictives et ont reçu en échange des financements qui leur sont allés directement dans la poche. Farhad, lui, est honnête, mais il paye le prix de la désinvolture de certains.

Nous avons marché tous les deux côte à côte jusqu'à Shar-e-Nau, l'artère centrale de Kaboul. Cela nous a pris au moins une demi-heure, mais je suppose que nous avions besoin l'un et l'autre de cette marche pensive. Nous n'avons pas beaucoup parlé. Je voulais me réserver pour tout à l'heure car les mots avec Farhad sont toujours comptés. On ne parle pas pour ne rien dire. J'étais assez fière de marcher à côté de lui. Farhad n'est pas vraiment beau mais il a un charme évident. Je l'ai ressenti dans le regard des filles que nous avons croisées. Elles sont trop pudiques pour le draguer ouvertement. Mais j'ai bien vu les jeux de regards. On peut dire que mon grand frère en impose. Non seulement parce qu'il est sérieux, mais aussi parce qu'il soigne son apparence. Il ne sortirait pas sans être habillé convenablement, ce qui est le cadet de mes soucis. D'ailleurs, aujourd'hui je porte une tunique et un pantalon mal assortis ainsi qu'un lourd voile de coton un peu sale.

Nous sommes allés à Pizza Milano, un restaurant qui propose des hamburgers à côté d'un grand parc. Le serveur nous a installés dans une petite pièce à part, réservée aux femmes et aux familles. Les hommes, dans la salle principale, regardaient la télé sous des néons blafards. Cette vision surprenante, des hommes à turban mêlés à des Afghans en costume traditionnel avec la *shalwran kamiz* ou encore habillés à l'occidentale et regardant en communion la télévision, m'a amusée. Dans notre petit enclos, le serveur est venu prendre la commande. Un Coca pour Farhad, un Fanta pour moi. C'est lui qui a enclenché la discussion. J'étais bien trop timide pour le faire, et surtout je commençais à me demander quelle force avait bien pu me pousser à appeler Farhad à l'aide. J'avais les jambes un peu flageolantes sous la table. Farhad a dû remarquer mon rictus car il a dit :

« Diana, tu voulais me parler, alors fais-le. Je suis venu exprès pour ça et je n'ai pas beaucoup de temps. »

J'ai beaucoup tourné autour du pot :

« Écoute, Farhad, il m'a fallu beaucoup de courage pour décider de te parler. J'ai beaucoup hésité. Tu ne le sais peut-être pas, mais maman a encore tapé Bassira la semaine dernière. Elle lui a tordu la main et Bassira porte toujours un bandage car elle souffre beaucoup. Elle n'a pas pu aller à l'école faute de pouvoir écrire et elle ne nous est d'aucune aide pour les travaux domestiques maintenant. »

Je guettais sa réaction avec un peu d'inquiétude. Mais Farhad a été tellement compréhensif !

« Je vais te parler en adulte. Maman a des soucis, que tu connais mais dont tu ne mesures peut-être pas toujours la gravité. La violence qu'elle vous fait subir, c'est toute sa violence contenue depuis des années. Cela ne l'excuse pas mais peut t'aider à comprendre. Donne-moi une semaine et j'essayerai d'être plus présent à la maison avec vous. Si Bassira souffre trop, il faut qu'elle arrête d'aller faire les courses avec vous. On va se serrer les coudes et je demanderai à Jamshed de venir vous aider. »

Il s'est levé dans la foulée, a réglé l'addition de 40 afghanis puis s'est retourné vers moi : « Maintenant, file à Chicken, il est temps de retourner travailler. »

Jamshed a deux ans de moins que moi, mais on lui a toujours accordé la plus grande attention. J'ai été légèrement vexée que l'aide puisse venir de mon petit frère. J'aurais voulu que Farhad soit plus sensible à notre condition de vie. J'aurais voulu aussi qu'il me dise que j'avais bien fait de l'alerter. Au lieu de ça, j'ai eu l'impression désagréable d'avoir parlé dans le vent. De lui avoir gâché du temps. Suis-je bien lucide ? N'ai-je pas volontairement grossi cette dispute pour passer un peu de temps avec Farhad ? Au fond de moi, je ne pense pas.

J'ai traversé le parc de Shar-e-Nau pour gagner du temps. Il y avait un garçon qui apprenait à faire du vélo sur l'un de ces modèles qui arrivent directement de Chine. D'autres adolescents faisaient des barres parallèles à côté du Cinéma Park, une des huit salles de Kaboul. Je me suis arrêtée un instant pour les voir faire des vrilles et des saltos. L'un d'eux, à la force des bras, arrivait à faire un équilibre prolongé puis à replacer ces jambes parfaitement parallèles à la barre. Un vieux monsieur proposait pour un afghani de tirer à la carabine à plomb sur des allumettes. De jeunes cireurs de chaussures, leur boîte en bois à l'épaule et les doigts noircis, guettaient les clients. Pour ne pas être importuné, il ne faut surtout pas s'asseoir sur un banc. Dans ce cas-là, il sera difficile de dire non. Le garçon vous enlève alors énergiquement les chaussures en se vantant d'être « le meilleur cireur de tout Kaboul ». Il vous met à la place des sandales en plastique à l'hygiène douteuse qui ont déjà accueilli quelques voûtes plantaires forcément moins propres que les vôtres !

De l'autre côté du parc, j'ai rejoint Charahi Ansari au niveau de City Center. C'est une grande tour en verre qui appartient à la famille Safi, des investisseurs. Je suis rentrée un jour par curiosité. Il y a des miroirs partout, des ascenseurs et des escalators. J'en suis très fière. J'aimerais seulement que ma vie évolue aussi vite que la métamorphose que connaît aujourd'hui Kaboul. Moi, j'ai l'impression de stagner.

18.

L'aveu

Si maman a de si bonnes raisons d'être nerveuse, c'est qu'elle a commis, il y a quelques années, un crime qu'elle ne se pardonnera jamais. Je dis « crime » parce qu'elle le vit comme ça, alors qu'en Afghanistan son acte n'a rien de répréhensible. Au contraire, c'est une chose tout à fait courante. Maman, sur les conseils de grand-mère, a vendu ma grande sœur Farzana à un taliban qui la reluquait depuis un bout de temps. Nous n'avions plus d'argent et rien à manger. Alors, quand Rachid est venu à la maison pour demander ma sœur en mariage, ma mère n'a pas eu d'autre choix que de dire oui. Farzana avait treize ans. L'âge que j'ai aujourd'hui. J'y pense souvent.

Je me souviens parfaitement de la noce. Elle n'avait rien d'habituel. Les mariages, de toutes les façons, ne sont jamais très joyeux. La mariée est tenue de faire la tête et de pleurer un peu pour montrer à ses parents qu'elle est triste de les quitter. Ma sœur n'a pas eu à se forcer. Dans sa robe traditionnelle verte, son visage semblait encore plus pâle. Elle n'avait pas le maquillage outrancier qu'arborent généralement les mariées, puisque les talibans l'interdisaient. Elle semblait si petite assise par terre, les jambes ramassées derrière un coussin. Elle baissait la tête et son inclinaison ne nous permettait pas de distinguer sa bouche qu'elle pinçait si fort pour ne pas pleurer. Il n'y a pas eu de musique. Il n'y a pas eu de danse. Maman nous avait joliment coiffées, nous, les filles. Exceptionnellement, il y avait de la viande au repas. Papa souriait. Maman aussi. Elle disait à Farzana : « Tu vas être heureuse avec lui. C'est un homme respecté. Il protégera ta vertu et prendra soin de toi. » Et Farzana la regardait en acquiesçant, comme si elle voulait y croire elle aussi, à cette mascarade de bonheur familial. Tout cela était donc faux.

Je comprends mieux aujourd'hui quand je vois combien maman souffre dans sa chair d'avoir sacrifié et vendu sa fille. Du jour au lendemain, Farzana a dû dire au revoir à son enfance et rentrer avec fracas dans sa nouvelle vie d'adulte et de femme. Tout ça pour près de 2 000 dollars.

Aujourd'hui, j'ai l'âge de Farzana et je me rends compte combien ce mariage forcé et ce départ précipité de la maison ont dû être une violence terrible pour elle. Elle n'était qu'une petite fille et les adultes n'ont pas su la protéger. Nous avons vaguement décoré un taxi de fleurs en plastique et de guirlandes. Il n'y a pas eu de photos ni de film, puisque le nouveau mari de ma sœur bannissait toute reproduction humaine ou animale dans sa fureur iconoclaste. Ma sœur est montée dans ce taxi avec son mari, un homme de vingt ans son aîné. Elle me répétait : « Je ne peux pas, Diana, je ne sais pas... Je ne sais pas être une épouse. » Moi, j'étais si petite. Que pouvais-je lui répondre ? Achetée 2 000 dollars pour enterrer son enfance et accéder à une vie de misère... Farzana a mis deux ans à tomber enceinte. Son mari commençait à dire que nous lui avions vendu une mauvaise fille. En fait, elle n'était pas encore pubère !

Maman aurait certainement souhaité être une mère comme les autres. Une mère qui protège ses enfants des rudesses du monde. Mais elle n'a pas eu le choix. En sacrifiant une fille, elle sauvait ses treize autres enfants. C'est ce qu'elle a dû se dire pour accepter l'impensable. C'est ce qu'elle me dit quand elle arrive à en parler. La plupart des filles en Afghanistan sont mariées avant l'âge légal de seize ans. Chez les Pachtouns, une tribu du Sud et de l'Est, il arrive couramment que des fillettes de cinq ans soient déjà promises à des hommes beaucoup plus âgés. Pour le dire de manière moins consensuelle, nous avons une vraie valeur marchande, nous, les filles afghanes. Cela me dégoûte au point que j'ai fait le vœu de ne jamais me marier. Je ne sais pas si j'arriverai à m'opposer à cette tradition, les coutumes sont si tenaces ! Mais au moins je veux lutter de toutes mes forces ; le mariage, c'est trop de souffrances pour tout le monde.

Je suis en totale opposition avec ma sœur Khaleda sur ce sujet-là. Je ne supporte pas de l'admettre car j'aurais voulu une grande sœur plus combative et plus maligne. Khaleda n'a d'autres aspirations dans la vie que de faire un mariage rapide qui lui permettra d'arrêter l'école, où elle est une élève très moyenne. Elle a seize ans cette année et pousse régulièrement ma mère à lui trouver un mari. Je mets ma main à couper que le premier garçon qui viendra faire sa demande à la maison sera le bon. Khaleda a les traits grossiers, les joues rondes et le nez empâté. Elle n'est pas très belle. Heureusement, elle se rattrape en cuisine, où elle se perfectionne quotidiennement dans le but avoué de combler un physique peu avantageux. Je suis un peu dure, j'en conviens. Mais je suis de celles qui appellent un chat un chat. Dans ma culture, nous avons toujours des précautions de langage telles que nous finissons par ne jamais rien nous dire. À mon petit niveau, c'est une révolte individuelle et quotidienne de dire les choses et de les assumer.

En plus d'être ingrate, ma sœur a fait une chute qui lui a laissé quelques séquelles. Lorsqu'elle n'était encore qu'une enfant, elle jouait au cerf-volant avec mes frères aînés quand elle a glissé du toit et est tombée sur la tête, ce qui lui cause encore aujourd'hui de violentes migraines. Elle a quatre ans de retard à l'école et se retrouve donc dans une classe au-dessous de moi. On se surveille l'une l'autre à la sortie de l'école. Khaleda est aussi futile que je suis fuyante. Par exemple, quand les garçons viennent nous regarder à la sortie de l'école, Khaleda se laisse approcher facilement. Maman met son comportement sur le compte de sa chute. Moi, je pense que Khaleda est une fille facile. Elle veut un mari vite et elle l'aura. Je ne pense pas que maman s'y opposera car ma sœur n'ira jamais au bout de ses études. À part faire la cuisine et le ménage à la maison, ma sœur ne nous est d'aucune aide financière. Sa poitrine, si volumineuse, a poussé trop vite. Elle est aujourd'hui si voyante et aguichante que Khaleda ne peut plus travailler dans la rue comme elle le faisait jusqu'à présent. Je prie pour qu'il ne m'arrive pas la même chose. Je me sentirais terriblement embarrassée.

Il y a deux mois, Khaleda a fait une énorme bêtise qui, je pense, a aussi changé l'opinion de ma mère. Elle a retrouvé dans ses affaires un téléphone portable qu'un garçon lui avait donné pour lui parler secrètement. Cette histoire n'est pas sortie de la famille pour ne pas mettre à mal sa réputation. Ma mère a immédiatement appelé Farhad, qui est venu à la maison. Il a donné une correction terrible à Khaleda, qui hurlait qu'elle avait compris et qu'elle ne recommencerait jamais. Je me sentais mal à l'aise d'entendre les coups et les cris. Je pense que maman va commencer à prospecter rapidement du côté de nos cousins.

19.

Une journée de fête

C'est aujourd'hui la « journée des professeurs ». C'est un jour important dans la vie des écoliers, qui fêtent ainsi leurs enseignants. Ils apportent friandises et cadeaux en guise de remerciements. Cela faisait au moins une semaine que j'en parlais à maman pour être sûre qu'elle m'autorise à y aller. Ce matin, je me suis débrouillée pour me laver. L'eau était gelée, mais en lot de consolation mes cheveux sont soyeux et brillants. J'avais aussi lavé mon uniforme pour me sentir parfaitement à l'aise. Je ne suis pas une élève extraordinaire. Je suis quatorzième cette année sur une classe de trente-trois. C'est honorable, mais j'aurais vraiment voulu être dans le trio de tête. Encore faudrait-il que je trouve le temps d'étudier beaucoup plus. Quand j'ai de la chance, l'électricité arrive en fin de journée et je peux faire mes devoirs.

Sinon, je les fais en rentrant du marché à la lueur de l'aube. Je travaille avant tout pour moi car j'ai un rêve : devenir médecin ou institutrice. Ce sont des professions qui demandent un certain sens du contact, de la disponibilité, de l'abnégation et de la curiosité. Je pense que j'ai tout cela. Bien sûr, ça ne suffit pas. Les places sont chères pour rentrer à l'université. Seuls les meilleurs arrivent à faire médecine, ou alors les plus riches, qui peuvent acheter le diplôme... J'ai la chance d'aller dans une des meilleures écoles de Kaboul. Le lycée Malalai, en partie financé par la France, est très reconnu. Depuis cette année, j'apprends le français grâce à des professeurs expatriés. Je me sens redevable d'avoir cette chance et je voudrais leur prouver qu'ils n'ont pas eu tort de me faire confiance en m'acceptant comme élève. J'aurais voulu, pour la « journée des professeurs », paraître sous mon meilleur jour. Mais la journée a mal démarré.

Maman m'a dit qu'elle ne voulait pas que j'y aille. J'ai essayé de discuter. J'ai parlementé dur en jurant que cela ne remettait pas en cause mon travail de la journée. C'est terrible, l'injustice. Les mots vous manquent. J'avais tellement envie de pleurer. Et puis à quoi bon. Il y a tellement d'autres bonnes raisons de pleurer. J'ai ravalé mes larmes et mon honneur. Cela ne sert à rien de faire entendre raison à maman quand elle est dans cet état d'esprit obtus. J'ai enlevé mon uniforme et enfilé mon « bleu de travail » usé et sale. J'ai quand même pris mon sac en velours et à paillettes dans lequel je glisse mes billets. C'est bien ma seule coquetterie. Je n'ai pas eu le courage d'aller ainsi attifée à l'école. J'avais honte de moi, honte de ma mère. Honte du milieu dont je viens. J'ai erré dans les rues en évitant soigneusement le quartier de mon école ; j'ai prié pour ne rencontrer aucune copine et ruminé ma déception. Tout le monde me demandera demain pourquoi je n'étais pas à la fête de l'école. Comme d'habitude, j'inventerai une excuse que mes petites camarades auront la politesse de croire.

20.

L'histoire en marche

Je m'aventure sur une pente dangereuse. Je mens de plus en plus. Cela devient presque une habitude, ces petites cachotteries. Par exemple, je ne donne qu'une partie de l'argent gagné à maman et j'en cache l'autre partie dans la manche de ma blouse. Cela me permet de m'acheter à manger quand maman me prive de déjeuner. Et cela arrive de plus en plus souvent, quand elle trouve que je ne travaille pas assez vite ou que je lui parle mal. Je connais un vendeur ambulant à côté de l'école qui propose des frites toutes chaudes et des sodas. Il me fait toujours gentiment crédit et je le rembourse quand je peux. Je n'aime pas arriver à l'école le ventre vide. J'ai la tête qui tourne et je n'arrive pas à me concentrer de tout l'après-midi.

Avec cet argent soustrait aux besoins familiaux, je m'achète aussi des petits plaisirs. Trois fois rien : des stylos ou des cahiers. Je les considère comme une récompense bien méritée pour me féliciter de tenir encore le coup. Je dors de moins en moins et je travaille de plus en plus. Je finis par tout faire mécaniquement, réglée comme du papier à musique. Sans réfléchir, mais aussi sans plaisir. J'ai un petit miroir dans le placard qui m'est réservé dans le salon. J'observe mon visage. Il est de plus en plus marqué. Je perds l'ovale de mon enfance. J'ai les yeux cernés de noir et les joues creusées. Je perds mes cheveux et je me ronge de plus en plus souvent les ongles. Je pense que c'est une accumulation de déceptions et de peurs mêlées.

En ce moment, j'ai le sentiment que nous vivons une page importante de l'histoire de l'Afghanistan. Les nouvelles qui parviennent du sud du pays sont de plus en plus dramatiques. Je pensais que tout cela était du passé. Le régime de la terreur. Je pensais que nous avions mûri et que nous étions prêts à vivre une autre vie. Mais non. Dans le Sud, les Afghanes ne vont presque plus à l'école. Les établissements scolaires pour filles sont fermés ou même brûlés par les talibans. Quand ils sont encore ouverts, les institutrices sont menacées de mort. Aux infos hier, le journaliste a raconté qu'une dizaine d'écolières avaient été défigurées par un jet d'acide imputé à un « insurgé ». Les hommes subissent des pressions pour se faire enrôler dans les rangs des talibans. Quand j'y pense, cela me fait tourner la tête. Je ressens un grand vide. On dit toujours que l'histoire se construit lentement. Mais en Afghanistan l'histoire se déconstruit encore plus vite. Quelle désillusion ! Quel désenchantement !

Mon frère Farhad revient de Kandahar, à 500 kilomètres au sud de Kaboul. Il devait transporter un paquet pour des étrangers. Je ne sais pas trop de quoi il s'agissait. Comme pour tout ce qui le concerne, je ne pose pas de questions et j'évite d'être trop curieuse. Kandahar, c'est l'ancienne capitale impériale fondée par Alexandre le Grand. Au XVIIIe siècle, la capitale a été transférée à Kaboul. Dans les années 1990, Kandahar est devenue le fief des talibans et de leur commandant suprême, le mollah Omar. Depuis 2005, les rebelles reprennent peu à peu le pouvoir. Ce que Farhad nous raconte en rentrant à la maison me saisit d'effroi. Il paraît que les chauffeurs de taxi redoublent de prudence et ne veulent plus emprunter la route qui va de Kaboul à Kandahar à partir de 15 heures. Les talibans mènent à partir de cette heure-là des opérations à la faveur d'une lumière faiblissante. Des camions transportant l'aide internationale jonchent le bord de la route, carbonisés. Les conducteurs, accusés d'être à la solde des étrangers, ont été assassinés. Même Farhad avait peur. Il a fait attention à ne prendre aucun dollar ni aucune preuve matérielle sur lui des contacts qu'il peut avoir avec les étrangers. C'est ce que les talibans recherchent. Il est monté tout à l'arrière du bus, habillé comme un local avec sa large tunique et son turban. Il nous a raconté qu'il avait prié pendant tout le trajet pour qu'il n'y ait pas de barrages d'insurgés. Un de ses voisins lui a dit que cela arrivait de plus en plus régulièrement.

« Ils arrêtent le bus et montent dedans pour le fouiller. Parfois, ils arrêtent une ou deux personnes. Ils ne remontent jamais », lui a raconté le voisin.

À l'entrée de Kandahar, il a dû emprunter l'avenue rebaptisée « la route des attaques-suicides ». Il y en a une tous les trois jours en moyenne. Maman avait terriblement peur pour Farhad. Elle n'a pas arrêté de prier pour lui. Comme elle est superstitieuse, elle a fait le test du thé. Si la feuille tombe à la verticale dans l'eau bouillante, alors la chance sera de notre côté. J'ignore si c'est une superstition partagée. Moi, je considère cela comme une bizarrerie de plus de la part de ma mère. Par chance, la feuille de thé est tombée à la verticale. Cela a calmé maman le temps que Farhad rentre.

21.

Une découverte

C'est rare qu'une journée soit parfaitement réussie. Je veux dire qu'elle soit absolument harmonieuse du matin au soir. Moi, j'ai toujours droit à des tracasseries. J'ai l'habitude, donc cela ne m'affecte pas. L'avantage, c'est que je sais goûter au plaisir du jour parfait.

Dès le lever, il régnait à la maison une douceur rare. Maman dormait au rez-de-chaussée, entourée des petits, Bilal, Shoukria et Samira. L'électricité de ville marchait étonnamment à cette heure-ci du jour et le ventilateur tournait selon un mouvement rotatif régulier qui produisait un air rafraîchissant comme le zéphyr. Il faisait tiède et bon. L'ambiance, pour une fois, était calme et apaisée. Nous sommes sorties sans bruit avec Bassira et Raissa. L'air était sucré, comme déjà gorgé de soleil à 5 heures du matin. Il n'y a que quelques heures où il fait bon vivre à Kaboul l'été. Le reste du temps, c'est une étuve. Nous avons pris le raccourci par le passage couvert en bois. J'aime bien ce passage. Il a quelque chose de raffiné qui contraste avec les maisons de terre qui l'encadrent. Le dédale de ruelles nous mène directement à la station de bus. Au marché, nous avons mis moins d'une heure à faire les courses de la journée. Le contrôleur nous a même invitées à boire un thé dans sa cabane de bois. Notre discussion était rythmée par le bruit des pièces qui s'écrasaient au sol. C'est une taxe que paye chaque paysan pour vendre ses produits sur le marché. Ils se contentent de passer le bras par la fenêtre de la cabane et de jeter leurs pièces. En fin de matinée, le sol est tapissé de petite monnaie.

Un peu plus tard dans la journée, j'ai fait une découverte surprenante. La Terre est ronde comme un ballon. Je pensais qu'elle était plane comme le planisphère qui est accroché au fond de ma salle de classe. J'ai rencontré cet après-midi un Français que je connais depuis six ans. Il travaillait pour une organisation humanitaire avec sa femme à Chicken Street. Je crois qu'ils m'avaient prise en affection tous les deux. Plutôt que de me donner de l'argent, ils m'ont souvent acheté des produits comme du lait en poudre ou des gâteaux secs que je partageais avec toute la famille. Des vêtements chauds aussi quand arrivait l'hiver. Je me souviendrai toujours de Julie et Sébastien. Ils sont restés au moins trois ans. Et puis un jour, plus de rencontres impromptues. C'est toujours comme ça avec les étrangers. Il ne faut pas s'attacher car ils finissent par quitter le pays et vous, vous restez avec vos souvenirs. Sébastien est revenu pour quelques semaines. Je l'ai tout de suite reconnu. Il travaille maintenant au Brésil. Il m'a montré sur une carte où c'était et puis quelques photos. Je ne savais pas quoi dire. Je n'avais même pas de questions à lui poser. Tout avait l'air si différent. Trop différent. C'est lui qui m'a expliqué que la Terre est ronde. Je veux bien le croire. D'une certaine manière, cela me rassure. Si elle est ronde, c'est qu'elle n'a pas d'aspérités. Si elle est ronde, c'est qu'il n'y a pas de recoins où se perdre. Si la Terre est vraiment ronde, alors l'Afghanistan est un centre comme un autre. Cette révélation remet les choses à plat.

Je suis passée par la rue des bouchers, tout à l'heure. C'est un peu l'anarchie. Un taxi transportait un drôle de client inanimé dans le coffre : un bœuf qui devait peser sa tonne et qui est venu s'écrouler sur le trottoir. Les bouchers ont commencé par retirer la peau encore fumante de l'animal avec de longs couteaux. Puis ils ont découpé les morceaux sur les billots de bois à même la rue qu'ils se sont ensuite partagés. Le bœuf n'était plus qu'une multitude de pièces suspendues à des crochets métalliques dans la petite dizaine de boucheries qui s'est concentrée dans cette rue. C'est une notion de la concurrence qui m'échappe. Moi, quand je vends, je me démarque. J'offre un service différent, presque personnalisé. Je flatte, je porte les sacs et, s'il le faut, j'arrête un taxi pour négocier la course. Cette rue des bouchers est un peu à l'image de notre pays. Il y règne une anarchie joyeuse contrebalancée par une passivité qui me désespère. Rien ne se perd, rien ne se crée, tout se transforme. J'ai le sentiment que nous ne sommes acteurs de rien. Ni du changement. Ni d'une quelconque transformation. On attend naturellement. On est à l'image de ce bœuf lourd et passif qui se laisse découper à même le sol. C'est comme pour les poissonneries. Elles ne sont pas nombreuses puisqu'elles ne vendent que du poisson de rivière. Croyez-moi ou non, toutes les poissonneries placardent les mêmes poissons sur les mêmes planches de polystyrène placées à la verticale. On dirait des natures mortes. Les poissons sont à équidistance, légèrement en biais, la tête tournée vers le haut à droite. C'est systématique. Personne n'aurait songé à les placer la tête en bas ou légèrement tournée vers la gauche. C'est une habitude, alors on la répète sans se poser de questions. Moi, ces étals me font sourire parce qu'il y règne une belle harmonie. On dirait un banc de poissons homogène, les seuls qui osent aller à contre-courant du désordre ambiant.

En ce moment, mes rêves ne sont plus qu'une continuation de la réalité quotidienne. Il n'y a plus de séparation entre les jours et les nuits. Je suis en éveil mental permanent et cela m'épuise. Ce matin, je suis allée faire les courses, mais en rentrant j'étais tellement faible que je n'ai pas eu le courage d'aller à l'école. J'ai caché mes chaussures pour faire croire à maman que j'étais partie. Je suis montée dans une petite pièce qui ne sert jamais. J'ai pris une couverture en cachette et je me suis enfermée avec un cadenas. J'ai dû m'endormir instantanément. Je n'ai pas rêvé. Pas pensé à la journée gâchée, et surtout pas anticipé les questions de maman ce soir parce que je n'aurai pas ramené d'argent. J'ai eu l'impression de vivre une petite mort. J'ai senti mon corps glisser dans un sommeil si profond qu'il était vain d'essayer de me retenir. J'avais chaud sous la couverture. J'avais sans doute un peu de fièvre. Je ne voulais pas ouvrir les yeux. Et j'ai replongé dans un coma où le bruit de mes frères et sœurs se chamaillant en bas était rassurant. Je savais que personne ne s'apercevrait de ma présence. J'aimais bien l'idée d'être là physiquement mais complètement absente des préoccupations du jour.

Il faisait déjà nuit quand j'ai ouvert les yeux. La nuit tombe vite, à 18 heures. C'est la prière d'Isha qui m'a réveillée. J'ai entendu le muezzin chanter. Somnolente, je me suis levée et j'ai prié à genou sur ma couverture. J'ai surtout prié pour que maman ne se rende compte de rien. J'ai été entendue. Elle est partie porter le dîner aux trois aînés dans leur école. Je suis descendue aider Rohina et Khaleda à préparer le repas du soir. Une soupe aux lentilles, le *dal*. Pour plus de saveur on ajoute quelques feuilles de coriandre, et de la crème pour la rendre plus consistante. On a fait frire aussi quelques aubergines. Elles prennent un goût sucré de caramel que j'adore. J'ai pris un air naturel et détaché. C'est l'avantage d'être aussi nombreux : mon absence est passée totalement inaperçue et je n'ai pas eu à mentir une nouvelle fois.

Quand je suis mal à l'aise et que j'ai quelque chose à cacher, j'ai pris l'habitude de me mordre les petites peaux qui entourent mes ongles. C'est souvent douloureux et je finis par saigner. J'aime bien ce sentiment de puissance de me dire que je dispose comme je l'entends de mon corps et de mes mains. Ce n'est pas un geste très gracieux. La grâce, c'est le contraire de la nervosité. C'est donner l'impression que tout glisse sur vous sans vous atteindre. On ne peut pas dire que les événements glissent sur moi sans me toucher. Je marque « physiquement ». J'ai fait de mes mains le siège de ma honte, de mes mensonges, de mes émotions. Cela aurait pu être le cœur – trop interne, pas assez voyant. J'aurais pu me gratter la tête ou me tournicoter les cheveux – trop voilés.

J'ai choisi mes mains parce qu'on les voit. Et puis, c'est devenu une habitude malgré moi. Je fais ça en cachette. Je commence par le pouce. Je mordille le coin de l'ongle, puis je tire d'un coup sec. J'enchaîne ensuite avec l'index. Et ainsi de suite jusqu'à l'auriculaire. À la maison, personne ne se rend compte que ces mains abîmées ne le sont pas seulement par les lessives et par le manque d'hygiène. Elles sont rongées à proprement parler par la culpabilité ou la déception de ne pas être celle que j'aimerais être. C'est difficile à treize ans de savoir ce que l'on veut devenir. Moi, mon drame, c'est justement de ne pas avoir ce choix. Je sais ce que je dois devenir, même si ce n'est pas ce que je veux. Je ne souhaite à personne de vivre avec cette pression permanente.

J'ai un autre tic qui consiste à tirer mes cheveux le plus possible en arrière puis à me faire une natte tellement serrée que j'ai comme un bleu sur le haut de la tête. J'aime quand elle est parfaite. Droite et se resserrant au bout jusqu'à former une petite queue de rat. Je chatouille ensuite mes sœurs avec la pointe de mes cheveux. Elles sont tellement sensibles qu'elles finissent par se rouler en boule à ne plus pouvoir respirer. J'arrête juste avant qu'elles ne puissent plus du tout reprendre leur souffle. Je teste les limites de chacun...

22.

Le vendredi

C'est le seul jour de repos de la semaine. Les rues sont vides. On dirait que la ville est anesthésiée. La frénésie des autres jours a laissé la place à une nouvelle cadence où le temps s'étire, imperturbable. Même les vélos semblent rouler au ralenti. J'aime bien le vendredi car c'est un des seuls jours où l'on entend les bruits de la nature qui réussit à s'imposer à la ville. Le chant d'un rouge-gorge contre les innombrables klaxons. Le bruit du vent qui ne s'oppose plus aux vendeurs à la criée qui proposent des glaces l'été ou du gaz l'hiver. C'est un des rares jours aussi où l'on peut se permettre d'être distrait. En traversant la rue par exemple. Les chances de survie sont multipliées par cent le vendredi. À part ça, c'est un jour comme un autre. Plutôt que de s'ennuyer à la maison, maman nous envoie dans la rue. Elle a divisé Kaboul en plusieurs quartiers et nous avons chacun un territoire. Il y a quelques mois, j'étais chargée de Chicken Street. Mais il y a trop d'hommes et, vu mon âge, maman a préféré me transférer dans un autre quartier. C'est mon petit frère Bilal qui a pris le relais. À présent, je m'occupe du lycée Amani. C'est un quartier où il y a plus d'étrangers le vendredi. Je vends des châles aux couleurs vives et recouverts de paillettes. Les étrangères aiment bien avoir une panoplie de voiles à assortir à leurs tenues. C'est une des seules coquetteries qui leur restent. J'achète mes voiles 100 afghanis au grand bazar et je les revends 250. Parfois plus, quand je sens que je peux jouer de la situation. Je n'aime pas mendier. Mais si on m'offre l'occasion de me plaindre, le regard empreint de bienveillance aussi sincère que temporaire, je n'ai plus aucun scrupule et je fais monter les tarifs. C'est une règle, je ne force jamais ma nature de miséreuse. Bilal vend des calendriers. Il apostrophe gentiment les passants. Il est de ceux qui portent sur le visage leur nature profonde. Il ne peut pas mentir, c'est un doux. Il n'a pas, ni dans le regard ni dans les gestes, la violence des enfants des rues. Bilal ne se plaint pas. Il agit. À huit ans, il a déjà compris qu'il était un maillon essentiel à notre chaîne familiale. Quand il gagne 2 dollars, c'est un dîner qu'il finance. Quand il part pour travailler dans la rue, c'est toujours avec allégresse. J'aime bien ce mot,

« allégresse ». Il est rythmé. C'est peut-être pour cela que l'allégresse vous transporte. Celle de mon frère me donne des coups de poing dans le ventre. Je me dis qu'à huit ans il devrait avoir d'autres joies, d'autres ambitions que celle de nourrir sa famille. Je le dépose tous les jours, au même endroit, devant la Bamyan Gallery, qui vend des meubles en bois qui sentent la patine un peu trop neuve. L'odeur se mêle à celle, plus entêtante, de l'essence qui alimente les petits générateurs devant chaque magasin. Quand un client rentre, le commerçant allume alors, dans un brouhaha de moteur, cet appareil qui produit instantanément quelques watts d'électricité. J'aime bien le propriétaire de la Bamyan Gallery. Il parle anglais et quelques mots de français. On se dit « bonjour » en français avec la satisfaction et le snobisme de n'être compris que de nous deux. Bilal retrouve là Ahmed, un garçon de son âge. J'aime bien Ahmed. Il a deux grandes prunelles bleues ou vertes, cela dépend de la lumière, qui illuminent son visage. Son regard est souligné par des cils épais et noirs. Ils sont tellement longs qu'ils forment une légère ombre sur ses joues. Ahmed vend *Kabul Weekly*, un des rares journaux indépendants en anglais, dari et pachtou. Il travaille pour aider son père à payer les soins de sa maman qui a besoin de dialyse. Bien sûr, il n'y a pas de système de dialyse en Afghanistan. Il faut aller au Pakistan pour ça. Les Français qui habitent

Kaboul les ont surnommés tous les deux les « titis de Kaboul » car ils ont l'air de deux gavroches avec leur mine revancharde, leur gouaille renversante et leur saillie percutante. Cela me rassure que Bilal reste avec Ahmed. Je sais qu'Enayatullah et Mohamed, mes amis, les surveillent aussi du coin de l'œil.

L'atmosphère de Chicken Street est toujours très électrique. Les bandes de gamins s'affrontent souvent sur fond de rivalités pour les quelques étrangers de passage qui regrettent immédiatement d'avoir mis les pieds dans la rue ! Les commerçants, qui nous accusent de faire fuir les clients à force de les harceler, nous chassent à coups de taloche. Les garçons en profitent pour chaparder dans la bousculade. Les commerçants le savent et je suppose qu'ils ont pris leur parti de se faire voler un petit peu tout le temps plutôt que beaucoup en une seule fois. Tout le monde se connaît, tout le monde s'est déjà insulté maintes fois, mais tout le monde revient tous les jours, à la même heure, à la même place. Parce que personne n'a d'autre choix. Bilal et Ahmed ne sont pas de ceux-là. Ils travaillent en binôme, solidaires dans les coups durs, malgré les insultes des autres gamins et les jours difficiles.

L'abnégation de ces deux garçons me donne le courage de continuer ma route. Je reprends la grande artère Charahi Ansari sur la droite. Je laisse derrière moi les immeubles qui se couvrent de verre pour mieux masquer la vétusté derrière ce vernis clinquant. Je n'aime pas Charahi Ansari. La rue est sans cesse encombrée de mendiants. Les enfants s'accrochent à vous pour un afghani. Pour soigner leur enfant, les femmes en burqa vous remettent de force l'ordonnance qu'elles ne peuvent payer. Un homme tronc est toujours assis au même endroit. Il porte un turban noir et un marcel blanc qui dessine joliment ses muscles. Avec lui, l'expression « prendre la vie à bras-le-corps » n'a jamais été aussi juste. Il se déplace, le buste qui balance d'avant en arrière, à la seule force de ses bras. Été comme hiver. Il y a toujours aussi ce vieillard aveugle accompagné de son fils qui slalome entre les voitures et mendie quelques sous en tapotant mécaniquement les vitres des voitures. Ils sont là depuis des années. Quelques gamins vous collent sous le nez des graines de *tchapandi*[1] qui se consument dans une boîte de conserve suspendue à un morceau de ferraille. La tradition veut que son effluve éloigne le mauvais sort. Son odeur âcre me donne immédiatement mal au cœur. Je chasse toujours un peu violemment les brûleurs de *tchapandi*.

Au bout de la rue, je tourne à gauche et je débouche dans Sherpur Square. Devant moi, une

1. Graines qui sont brûlées et qui sont censées éloigner le « mauvais œil » ou le mauvais sort.

annexe du ministère de l'Intérieur avec deux canons qui datent d'une autre époque. Au rond-point, il y a un policier que je connais bien. On dirait un clown ou un pantin. Quand il me voit, il souffle un grand coup dans son sifflet qui produit un son strident qui s'adresse, au mieux, aux deux voitures qui se battent en duel en ce vendredi saint. Je continue mon chemin en le remerciant négligemment de la main droite que j'agite d'avant en arrière. Devant moi, le quartier diplomatique. Il est 10 heures et je passe le premier barrage. Ce quartier, je l'appelle « le coin des murs ». De lourds plots de béton protègent des attaques-suicides ; des barbelés bloquent les accès, des gardes armés font la vigie. Seules les voitures accréditées ont le droit de passer. C'est sans doute le meilleur indicateur de la dégradation de la sécurité à Kaboul. C'est mécanique, plus il y a d'attentats-suicides, plus les plots sont nombreux et plus les routes sont bloquées. Je retrouve au lycée Amani mon autre sœur Bassira. Elle a commencé sa journée de vente plus tôt et je vais la relayer. Bassira a un an de moins que moi. On se ressemble comme des jumelles, à cela près qu'elle a des gestes saccadés, énervés et nettement plus agressifs que les miens. Bassira est joueuse. C'est sans doute sa manière de prendre de la distance avec les événements. Son travail dans la rue, c'est un rôle qu'elle joue. Pour cela, elle a un nom de scène. Elle se fait appeler Ariana. Dans les rues de la ville, Ariana peaufine son rôle. L'espace qu'elle parcourt à longueur de journée est son plus beau décor. Les habitants, un public passif. Dans les rues de la ville, Ariana perd surtout de son innocence sans vouloir l'admettre.

23.

« Mon cher »

Jaan. C'est un de mes mots préférés. Je suis sensible à la beauté de la langue mais surtout au rythme des mots. J'aime quand ils sont homogènes et ronds. J'aime quand ils claquent et qu'ils éclatent. *Jaan* est doux et ouvert. Il faut ouvrir la bouche. Les lèvres doivent être offertes comme si on attendait un baiser. La langue doit venir s'écraser sur les dents. *Jaan*...

Il se place derrière chaque prénom en signe d'affection. On aimerait le faire durer. *Jaan*. On aimerait le répéter. *Jaan*. Il rythme la phrase. C'est peut-être le mot le plus employé en une journée à travers l'Afghanistan. Quatre lettres pour dire l'affection. Quatre lettres invariablement masculines ou féminines. *Jaan*, c'est le meilleur dénominateur commun des Afghans. À chaque phrase, il nous rappelle le respect mutuel et l'estime que nous devons porter à notre prochain.

Ma sensibilité à la musicalité de la langue est sans doute née des récitations monocordes du Coran que nous faisons en classe. J'aime beaucoup mon professeure de religion. Elle est douce comme le miel et belle comme le jasmin. Ce sont les deux seules expressions en arabe dont je me souviens. Mademoiselle Farida porte un uniforme vert composé d'une jupe longue et d'une veste légèrement cintrée. Elle porte un voile noir orné de quelques broderies qui soulignent la ligne de naissance de ses cheveux. C'est un des rares cours où la classe est vraiment studieuse. Quand elle rentre dans la pièce, nous nous levons, les trente-trois filles, dans un mouvement spontané et nous la saluons en chœur avec les salamaleks d'usage. On ne transige pas avec la religion. Quand Mademoiselle Farida commence à parler, je voudrais juste fermer les yeux et me laisser porter par ses mots qui restent en apesanteur dans mon esprit cotonneux. Son timbre est limpide, sa voix, rauque sans être grave. Elle a un petit accent. Je la soupçonne de venir d'Herat, la grande ville de l'Ouest, frontalière de l'Iran. Quand elle commence la lecture du Coran, c'est un bien-être total qui m'envahit. Je ne comprends pas tout et j'écorche souvent les mots arabes, difficiles à prononcer. Cela rend la langue encore plus attrayante. C'est ce cours qui m'a donné envie d'écrire des poèmes. Je les écris en cachette à la maison le soir ou très tôt le matin quand tout le monde dort. Maman n'aime pas me voir écrire. Comme elle ne sait pas lire, elle me soupçonne toujours de mauvaises intentions. Je lis parfois mes poèmes à mes sœurs, qui m'encouragent. Le dernier que j'ai écrit disait ceci : « Je n'ai rien fait de mal dans ce monde. J'ai seulement demandé pardon à Dieu. Je l'ai regardé et c'est le seul mal que j'ai fait. » Je n'écris pas beaucoup de vers. En trois phrases, je raconte une petite histoire. Souvent, je m'inspire d'un événement. De temps en temps, c'est l'harmonie des mots qui guide mon écriture. J'écris d'une traite et sans ratures. Je me réveille parfois au milieu de la nuit avec un mot qui m'obsède. Je le garde dans un coin de ma tête pour un prochain poème. J'écris toujours dans le même cahier. Quand je relis mes anciens poèmes, je me rends compte que c'est un journal intime sensoriel. Je parle d'amour, du temps qui passe, de la politique. Je voudrais que mes mots résonnent. Qu'ils transpercent la page blanche. Qu'ils secouent les conventions. Mon poète préféré, c'est Rûmî [1], le mystique perse le plus connu.

---

1. Rûmi, né à Balkh en 1207 et mort à Konya (Turquie) en 1273, est un mystique musulman persan qui a profondément influencé le Soufisme. Son nom est intimement lié à l'ordre des Derviches Tourneurs.

On apprend ses poèmes à l'école. Il a écrit une œuvre de plus de cinquante mille vers, le *Mathnawî.* Comme ceux-ci : « Afin de parler, une nécessité, écoute d'abord, apprends à parler par l'écoute. » Ou encore ceux-là : « Si votre pensée est une rose, vous êtes un jardin de roses ; si c'est une épine, vous êtes un carburant pour un fourneau. » Ce que j'aime le plus dans la poésie, c'est qu'elle est faussement impudique. Elle ne dit que ce qu'on veut bien y lire. Moi, j'aime le sens caché de ma poésie.

« Qu'est-ce que tu as encore fait ? », tempête maman. Bilal vient encore de se prendre un coup derrière la tête. Il a trébuché sur la bassine qui traînait dans la cour. Il n'y a pas d'électricité ce soir. On a allumé une lampe à gaz pour faire nos devoirs. Maman s'éclaire grâce au feu du *tandoor* pour éplucher les pommes de terre. Nous étions, cinq des filles, en train de réviser une leçon d'anglais serrées autour de la lampe pour y voir un peu plus clair. Quand il s'agit de cours de langue, nous faisons nos devoirs en commun. Comme ça, les plus jeunes progressent plus vite et les plus âgées révisent leurs acquis. La leçon du jour concernait les formules de politesse – *Shall I go ?* J'aime bien ces moments avec mes sœurs. Il n'y a pas de dispute, juste l'envie d'apprendre et de bien faire. J'aime bien aussi ce sentiment de solidarité où nous nous épaulons les unes les autres. On le doit à Farhad, notre frère aîné. C'est lui qui a appris l'anglais en premier. En retour, il nous faisait la classe à la maison. Aujourd'hui, nous parlons presque tous couramment la langue de Shakespeare. Jamshed et Bilal vont à l'école allemande et ils nous apprennent quelques mots. Moi, je commence tout juste le français, mais j'ai repris l'idée de Farhad. Je récite ma leçon à mes frères et sœurs et ils apprennent en même temps que moi.

Nous en étions à *May I ask you a question ?* quand Bilal s'est pris une claque. Il avait renversé le plat qui contenait les pommes de terre épluchées sans faire exprès. Il revenait à la nuit tombée parce qu'il n'avait vendu aucun calendrier. Aucune des filles ne s'est retournée. L'habitude. Bilal a bien vite séché ses larmes pour s'allonger à côté de nous et continuer la leçon fraternelle. Avec maman, il n'y a jamais de formule de politesse qui vaille.

24.

Matador

J'ai une peur bleue des chiens. Il y en a beaucoup dans les rues de Kaboul qui errent affamés dans les détritus pour trouver de quoi se nourrir. Ils sont squelettiques. L'échine saillante et prête à transpercer une peau qui a l'aspect d'une mince pellicule de poils. Ils hurlent à la mort et cela me réveille souvent à la nuit. C'est un cri déchirant parce qu'il devient presque humain. Les chiens prennent possession des rues à la nuit tombante. Après les hommes le jour, c'est à leur tour de mendier quelques bouts de gras. L'été, quand le soleil vous brûle la nuque et assèche la moindre flaque, les chiens, assoiffés, sont encore plus agressifs. Quand je rentre un peu tard et que la nuit est déjà tombée, je récupère toujours quelques pierres que j'enfouis par sécurité dans mon sac. Les chiens forment une masse mouvante dans l'obscurité. Je les devine, c'est instinctif. Quand je panique, je lance mes pierres et je m'élance à toutes jambes vers une rue voisine. Je ne respire plus, j'ai le cœur qui sort de la poitrine. Je me fige accroupie derrière un arbre. Je deviens ce tronc, je deviens cette branche. Je suis cette souche inerte qui ne demande qu'à passer inaperçue. Et j'attends. J'attends égoïstement de longues minutes que les chiens disparaissent vers d'autres proies pour reprendre ma route le cœur encore battant. Le plus souvent, j'essaye de rentrer le soir avec Bilal. Sa présence me rassure. Bilal n'est pas un matamore. Il affronte la nuit et ses chiens errants sans crainte. Mais pour moi, secrètement, Bilal est mon matador capable de mettre en fuite une meute de chiens avec son mètre 30 et ses 25 kilos.

Au mois de mai, les jeunes garçons, comme Bilal et Jamshed, doivent subir une tonte intégrale de leurs cheveux. Cette mesure prophylactique censée les protéger des poux est une épreuve mortifiante. Cela leur donne un air dur et une rigueur franchement militaire. Jamshed a eu des poux tout l'hiver. Il s'est tellement gratté la tête que des croûtes de sang noirâtres parsèment son crâne exposé maintenant à la vue de tous. Cette tonte collective marque l'arrivée du printemps. Les jeunes écoliers ressemblent à de parfaits petits soldats qu'on a matés à coups de tondeuse. Du moins jusqu'au printemps prochain.

Les crânes rasés ne sont pas beaux. Les garçons les plus maigres voient leurs os occipitaux à la base du cou ressortir saillants. Ils ont l'air malades. Les gros ne peuvent plus camoufler sous leurs cheveux les bourrelets disgracieux qui se forment dans le cou. Ces soudaines nuques offertes au regard sont impudiques. Des poils fins qu'on a oublié de raser s'entortillent sous les lobes des oreilles.

Bilal et Jamshed se sont fait tondre dans la rue. Ils ressemblent maintenant à cette armée de soldats encore prépubères qui hante les rues de Kaboul. Au-delà des vertus hygiéniques de cette tonte collective, je vois dans cette manœuvre générale les traces laissées par des années de guerre. La coupe à ras est synonyme de « fini de rire ». Elle réveille nos dispositions aux combats. C'est le deuil de l'enfance insouciante et rieuse.

25.

Le bus

Aujourd'hui, je suis rentrée à 19 heures. Maman, Khaleda et Rohina étaient assises par terre autour d'un thé brûlant. Elles avaient les yeux rouges. Je n'ai pas voulu demander pourquoi. J'attendais qu'elles me parlent et que cela vienne naturellement. Shoukria et Samira jouaient à des jeux de main calmement comme si elles avaient senti, elles aussi, qu'il ne fallait rien brusquer ce soir. Maman pleurait comme à son habitude, se mouchant discrètement dans son voile bleu nuit, comme si on ne s'apercevait de rien. Khaleda pleurait dans un mimétisme énervant, les joues rosies. Rohina a été la seule à pouvoir m'expliquer ce qui s'était passé. Pour résumer, le propriétaire de la maison est venu aujourd'hui. Il s'appelle M. Nessar. Il se fait appeler « Doktor » parce qu'il a étudié à l'université, mais ce n'est pas un médecin. C'est un ancien élève de l'École polytechnique à Moscou, du temps où les Soviétiques occupaient l'Afghanistan et où il y avait des échanges universitaires entre les deux pays. « Doktor » Nessar aime bien se vanter de ce passé russe. Ainsi, quand il vient récupérer le loyer du mois, il ne dit pas *besyar tachakor* mais *balchoïë spassiba* pour dire « merci beaucoup ». Quand il franchit la porte, il se retourne toujours, la main sur le cœur et le sourire en coin. *Do svidania*, balance-t-il comme si c'était une évidence pour nous que cela voulait dire « au revoir ». Je n'aime pas cette arrogance. « Doktor » Nessar n'est pas méchant, simplement il ne peut pas s'empêcher de vous envoyer à la figure que vous n'appartenez pas au même monde que lui.

Quand il est venu tout à l'heure, il avait le même ton enjoué, m'a raconté Rohina. Il a salué les filles en ayant une remarque gentille pour chacune d'elles et en ébouriffant les cheveux de Shoukria, sa préférée. Il a demandé des nouvelles de Farhad et partagé quelques grappes de raisin avec maman avant d'arriver à l'essentiel. « Doktor » Nessar veut augmenter le loyer. Je m'y attendais depuis longtemps et je suis même surprise qu'il ne l'ait pas fait plus tôt. Le coût de la vie a augmenté. La farine a doublé, le riz aussi. Même les classes moyennes doivent bien trouver de l'argent quelque part.

Évidemment, pour nous, c'est une très mauvaise nouvelle. Nous payons déjà péniblement les 100 dollars et pourrions difficilement supporter un prix plus élevé. « Doktor » Nessar s'est excusé et a dit qu'il ne pouvait pas faire autrement. Je le crois. *Do svidania...*

Le conciliabule du soir est morose. Maman évoque l'idée de partir. Mais pour aller où ? Nous vivons dans cette maison depuis toujours. Nous y avons nos habitudes et des souvenirs. Non, déménager doit être notre dernière option. Je fais mentalement la liste des solutions que nous avons. Elles sont minces : emprunter de l'argent qu'on risquerait de ne pouvoir rembourser, ou travailler plus sans mettre en péril nos études. Cela me semble difficilement conciliable, mais il va bien falloir y arriver.

Farhad est arrivé vers 20 heures. Il a retrouvé une maison assommée par la nouvelle. Maman était toujours recroquevillée dans son coin favori, au fond à gauche du salon. Elle n'avait cessé de pleurer tout l'après-midi sur sa vie de misère. C'est un leitmotiv. Elle avait un air totalement décomposé qui en aurait affolé plus d'un. Pas nous. Le voile de travers, les cheveux emmêlés, les mains posées sur son ventre rebondi, elle n'inspire que de la pitié. Elle est sale. Les mains noircies par la cuisson du pain dans le four et les ongles beaucoup trop longs. Il nous arrive d'avoir honte de notre mère quand des étrangers passent à la maison, comme « Doktor » Nessar.

Farhad avait les cheveux gominés plaqués en arrière et les yeux sombres. Comme toujours quand il arrive à la maison, c'est le branle-bas de combat. Tout doit être parfait et rangé. Farhad aime l'ordre. Et puis, il règne toujours un calme inhabituel. On économise nos mots, nos gestes et notre souffle. Le silence fait son œuvre. La tension est presque insupportable. Chacun a sa posture attentiste préférée. Moi, je regarde par terre. Rohina, dans le vide. Khaleda fixe Farhad en se caressant la plante des pieds. Les petits se donnent la main.

Farhad a réfléchi de longues minutes avant de nous soumettre son idée. Pour économiser l'argent du loyer, il faudrait pouvoir acheter une maison. Pour cela, il faudrait gagner plus d'argent et surtout plus rapidement. Nos ventes dans la rue ne sont pas très rentables en termes de temps consacré et de revenu gagné. Alors Farhad a une idée. Il nous a avoué qu'il y pensait depuis un petit moment. Tous les jours, il a observé les vans qui servent de taxis collectifs dans Kaboul. Il s'est renseigné auprès des conducteurs. Le trajet coûte en moyenne 2 afghanis et le minibus peut contenir jusqu'à vingt personnes en se tassant bien. Farhad a calculé que s'il travaillait trois heures par jour comme chauffeur, il pourrait gagner jusqu'à 150 dollars en plus par mois, ce qui permettrait de payer le loyer et de mettre 50 dollars de côté.

Il a déjà repéré un Toyota « super custom » qu'il pourrait acheter d'occasion. Il a fait le calcul. Un « super custom » coûte environ 400 000 afghanis, soit l'équivalent de 6 000 euros. Une fortune pour nous. Pour l'acheter, il faudrait qu'il puise dans ses économies qu'il réservait pour payer son futur mariage, soit 2 000 euros. Il faudrait emprunter une somme équivalente à un prêteur sur gages au bazar et réunir les 2 000 euros restants en travaillant encore plus durement dans la rue. Je suis vidée. J'ai la tête qui tourne. Mes pensées vont à M. Nessar qui nous met, malgré lui, dans une position très délicate. À papa qui ne se doute pas un instant de ce qui nous arrive. Mon regard fait un mouvement de va-et-vient. Il se pose sur Farhad, l'air décidé. Sur maman, prostrée. Sur les petits, qui n'osent plus ni bouger ni tousser. Il revient sur Farhad qui lisse frénétiquement une chemise sans plis. Sur maman, qui ne bougera plus de la soirée.

Je me réveille le lendemain matin avec une seule idée claire. Les matinées passent comme le vent entre le marché et les travaux domestiques à la maison. Il faudra donc travailler plus l'après-midi et le soir. Une autre solution, que je n'ose pas évoquer, serait que Khaleda se marie rapidement. Ce ne serait pas un drame pour elle, puisqu'elle le souhaite de tout son cœur. L'argent que maman récupérerait de la dot nous aiderait précieusement. Je ne crois pas être calculatrice. J'anticipe des solutions rapides qui pourraient nous apporter un bien-être commun et qui ne porteraient absolument pas préjudice à Khaleda. Mais comme on me croit toujours animée des intentions les plus malveillantes, j'ai gardé ce plan pour moi seule.

« *Masha Allah*[1], nous finirons par trouver cet argent. »

Le ciel aujourd'hui est aussi tourmenté que mon esprit. La lumière s'est assombrie d'un coup en milieu d'après-midi, laissant la place à un ciel d'orage aux nuages aussi noirs que menaçants. Il faisait presque nuit à 15 heures quand le vent a commencé à se lever. Les températures ont chuté agréablement. J'étais contrariée car cet air rafraîchissant avait beau être agréable, cela a fait fuir les passants qui ont déserté les rues. Ce vent d'été souffle quelques semaines par an au moment du printemps. Il charrie toute la poussière et le sable du désert. En quelques minutes, Kaboul se retrouve recouverte d'une fine pellicule de poussière qui vient se nicher dans les moindres recoins. Y compris dans votre bouche. Quand le vent de sable s'en est allé et que vous serrez les dents,

1. Signifie littéralement « Dieu est grand ».

vous sentez invariablement ce crépitement désagréable du sable entre les molaires.

Je me suis protégée dans la cahute des gardes du lycée Amani avec les autres enfants et le policier chargé de la circulation. La tempête dure rarement plus d'une heure. Le tonnerre, encore lointain, a résonné au loin. Les montagnes qui encerclent Kaboul font écho, ce qui rend encore plus impressionnant le bruit. Rapidement, une pluie lourde s'est abattue. Elle a des avantages mais aussi quelques inconvénients, pour nous les urbains. Je ne parle pas des paysans, qui attendent ardemment les averses pour une meilleure récolte. Pour nous, la pluie a l'avantage de coller la poussière au sol. Dans une ville où 80 % des routes ne sont pas goudronnées, ce n'est pas négligeable. Mais qui dit poussière dit gadoue. Les rues se sont vite transformées en vaste patinoire, avec une boue collante comme la glaise et surtout très salissante. Je pense que c'est une des raisons pour lesquelles les Afghans sont fatalistes. Pour ne pas craindre les inconvénients, ils ne mesurent pas les avantages. Ainsi, ils ne sont jamais déçus.

Quand la pluie a cessé, le ciel est redevenu instantanément bleu, s'étendant à l'infini. Comme je n'avais pas fait une seule vente de l'après-midi et alors que j'avais toujours en mémoire les paroles de Farhad, j'ai voulu me rattraper. Alors quand j'ai vu l'étrangère au loin traverser la rue, j'ai crié et je me suis élancée vers elle sans réfléchir pour essayer de gagner quelques dollars. Dans ma tête, j'étais déjà auprès d'elle et je lui montrais mes foulards. Mais mon corps, lui, est resté statique. J'ai été percutée par un vélo qui passait par là et qui n'a pas pu m'éviter. Il a dû croire que je me jetais sous ses roues. Mon sac en plastique s'est coincé dans les rayons et j'ai été traînée sur quelques centimètres. Mon bras droit s'est tordu et a heurté le bitume. Je ne sentais plus que la brûlure vive de ma peau sur le macadam et des gravillons qui sont venus se loger dans ma chair. J'ai ressenti un malaise général. Le propriétaire de la bicyclette était penché sur moi, je sentais son souffle sur mon front. Il disait que c'était ma faute, que je n'avais pas regardé avant de traverser. Moi, je n'avais pas la force d'ouvrir les yeux et de lui dire que je plaidais coupable. Cet après-midi, j'aurai bien voulu mourir là, au beau milieu de cette rue, sur ce macadam détrempé et encore chaud du soleil de la journée. Je sentais l'haleine de l'homme qui commençait maintenant à me secouer et à me donner des petites claques sur la joue. Je n'ai pas voulu lui faire plus peur alors j'ai ouvert les yeux d'un coup et je me suis levée, complètement courbaturée. L'étrangère avait déjà disparu. Sans doute s'était-elle engouffrée dans une voiture barrée des deux lettres bleues UN, le sigle des Nations unies, sans même apercevoir la scène. Le cycliste, un jeune garçon de dix-huit ans, tout pâle de la peur que je lui avais causée, a démêlé mon sac disloqué des rayons de sa roue. J'ai ramassé les allumettes qui jonchaient le sol et mes foulards. Il m'a demandé si je voulais qu'il me raccompagne. J'ai dit non poliment. J'avais tellement mal que je ne voulais surtout pas parler. J'ai regardé ma tunique qui était déchirée à l'avant-bras. Il faudra bien que j'explique ça à maman.

Je suis passée récupérer Bilal, Raissa et Jamshed pour rentrer à la maison. Eux non plus n'avaient rien vendu. Je leur ai dit qu'on ferait mieux demain. Le temps qu'on arrive à la maison, mon bras avait triplé de volume. J'ai donné mon sac à Jamshed, la douleur était trop vive pour que je porte quoi que ce soit. Quand maman m'a vu arriver dans cet état, cela l'a mise dans une rage folle. Elle m'a dit qu'elle aurait préféré que je meure. Que cela lui causerait moins de souci. « Avec toi, c'est toujours la même chose. Tu n'es bonne à rien ! » Comme j'étais fatiguée, je lui ai répondu que justement moi aussi, j'aurais bien voulu mourir. Que morte, je connaîtrais la paix et la plénitude. Tout ce qui me manque ici. Et je suis montée dans la chambre, sans manger. J'ai retrouvé un vieux voile, que j'ai noué en bandoulière autour de mon cou pour supporter mon bras droit.

En me couchant le soir, j'avais l'impression que mon bras était toujours pris en tenaille par une pince invisible. Je n'ai pas pu dormir. Je me demandais comment j'allais faire le lendemain pour assurer le marché et les lessives. Raissa et Bassira allaient devoir m'aider et porter le double de ce qu'elles portent d'habitude. Quand elles sont montées se coucher, Bassira m'avait mis de côté un morceau de pain qu'elle avait caché dans sa tunique. On se dispute beaucoup avec mes sœurs, mais elles sont toujours solidaires dans l'adversité. On a prié ensemble de toutes nos forces pour que mon bras guérisse vite. Puis Bassira et Raissa ont sombré. J'ai veillé toute la nuit sur leur sommeil, la douleur ne m'a pas quittée.

26.

Le cousin

Vendredi prochain, mon cousin Ouasse se marie. C'est le neveu de maman. Il est très riche. À trente-cinq ans, c'est son deuxième mariage. Sa première femme, a-t-il avoué à mon frère, est déjà trop vieille. Elle a vingt-huit ans et deux enfants de lui, un garçon et une fille. Celle qu'il épouse vendredi prochain en a dix-sept. Elle vit à Kaboul avec ses parents, mais elle est originaire du même village que Ouasse, dans la vallée du Panjshir, à quatre heures en voiture de Kaboul. Le village s'appelle Baharak. J'y suis allée une seule fois, et pour moi Baharak avait le goût du paradis. Du bazar, il fallait prendre une route caillouteuse qui partait sur la gauche et qui suivait un cours d'eau. La maison n'avait rien de particulier si ce n'est que la terrasse ombragée était recouverte d'une vigne et qu'il suffisait de tendre la main pour manger des grappes de raisin noir sucré à souhait. Derrière la maison, un verger était composé d'abricotiers aux fruits succulents et de cerisiers aux petites fleurs roses visibles au début du printemps. Mais ce que j'aimais par-dessus tout à Baharak, c'était le bruit de l'eau et de son clapotis régulier qui berçait la nuit. Il fait bon vivre à Baharak l'été.

Homa, sa promise, est une cousine. Son père travaille au ministère de l'Intérieur. C'est un de ces nombreux fonctionnaires aux costumes sombres avec une moustache qui orne la lèvre supérieure. Je ne les aime pas. Ils marchent toujours rapidement dans la rue, une pochette de cuir vide à la main, et ils vous regardent avec dédain. C'est à peine s'ils vous répondent quand vous les accostez. Homa, je ne l'ai croisée qu'une seule fois, quand nous sommes allés à Baharak. Si je me souviens bien, elle entre en dixième classe. Il ne lui restera donc plus qu'un an avant la fin de l'école, si Ouasse l'autorise à terminer sa scolarité. Homa est une fille très belle. Étonnamment grande et longiligne pour une Afghane. Elle a des yeux verts en forme d'amande qui inspirent la bonté et une bouche aux lèvres très fines et très rouges. On dirait des bonbons. Selon les jours, elle porte un léger voile gris perle ou vert sur les cheveux. Elle était imperceptiblement maquillée quand je l'avais aperçue. Juste un trait de khôl sur les yeux qui n'éteignait pas le moins du monde un regard captivant. J'ai du mal à imaginer que cette fille si douce puisse épouser un rustre comme Ouasse. Elle n'a certainement pas le choix. Ouasse est un bon parti. Elle se forcera à tomber amoureuse. Et si elle n'y arrive pas, elle aura au moins la satisfaction de vivre dans le luxe.

Dans la famille, tout le monde admire Ouasse. Moi, je le hais. Il est gros. L'été, il transpire tellement qu'il garde toujours un mouchoir dans la poche pour s'essuyer régulièrement le front d'où perlent de lourdes gouttes de sueur. Bien sûr, ses costumes sont toujours parfaitement bien coupés, dans les plus beaux tissus et chez les meilleurs tailleurs de la ville. Mais à quoi bon, puisqu'il les porte si mal ? Ce qui m'agace le plus chez Ouasse, c'est ce ton faussement indulgent. Quand il vient chez nous, par respect familial plus que par plaisir, il fait mine de trouver le salon « charmant ». Il veut sans doute que nous lui racontions combien l'hiver est glacial quand on dort par terre et qu'on recouvre le sol de sacs en plastique pour tenter de s'isoler du gel ? Il veut peut-être qu'on lui décrive que ce charmant salon à la peinture décatie ne connaît l'électricité que quelques heures dans la semaine et qu'il sert à la fois de dortoir, de cuisine, de bureau ; que les vitres sont cassées et remplacées par un bout de carton, non pas par souci esthétique mais pour éviter que les mouches ne rentrent ? Il veut peut-être savoir que tous, sans exception, ses quatorze cousins germains, travaillons, avons travaillé ou travaillerons dans la rue pour aider la famille à vivre ?

Non, bien sûr, il ne veut rien entendre de cela. Il se sentirait obligé de nous offrir son aide. Il préfère voir ce qui est « charmant » et ne pas s'étonner de ne jamais croiser aucun des quatorze enfants réunis. Maman, quand elle reçoit la visite de Ouasse, ne laisse que les deux garçons aînés, Farhad et Fawad, qui présentent mieux que tous les autres, rencontrer ce cousin. Nous, les filles, sommes enfermées en haut. Ouasse et ses manières, on les observe de la fenêtre. Il ne reste jamais longtemps. Il apporte toujours quelques biscuits ou chocolats pour agrémenter un thé qu'il sait d'avance trop fade pour ses papilles délicates. Il avale le thé brûlant avec des bruits de bouche qu'on entend jusqu'à l'étage. Je suis la seule à le trouver dégoûtant et grossier. Pour son mariage, je ferai un effort. Pas pour lui. Pour Homa, bien sûr, et surtout pour voir le Wedding Hall. C'est une salle de mariage qui se trouve dans la rue 11 de Taimani. Je suis passée devant une fois. Il y a des guirlandes qui partent du toit et qui descendent jusqu'en bas. Éclairé, la nuit, le Wedding Hall doit être magnifique. Le mariage a lieu dans une semaine. J'ai terriblement hâte d'y être.

Maman est bornée. Elle ne veut surtout pas qu'on apprenne que nous travaillons dans la rue. Et comme Kaboul est un village et que les rumeurs vont vite, elle préfère tout bonnement les devancer. À l'école, elle nous recommande d'être discrets. C'est pour ça que nous repassons toujours par la maison avant de rejoindre nos quartiers. On enlève nos uniformes et on attend que nos camarades rentrent chez eux pour pouvoir ressortir. Un jour, une camarade de classe, Massouda, a dit à mon professeur principal qu'elle m'avait vu vendre des allumettes à Chicken Street. Le maître n'a pas relevé et moi, j'ai pris un air offusqué. Les profs, à l'école, nous répètent régulièrement que ce n'est pas bien pour une fille de traîner dans la rue. Cela me démange de lever la main et de demander comment on peut faire quand on n'a pas le choix. C'est pareil avec la famille. Maman ne veut pas que Ouasse et les siens nous reconnaissent dans la rue. Alors elle préfère nous cacher. Cela donne lieu à des situations burlesques où nous reconnaissons nos cousins dans la rue sans qu'ils ne se doutent un seul instant que nous avons un lien de parenté. Un jour, le frère de Ouasse m'a acheté des allumettes. J'ai dit « merci monsieur » quand il m'a donné 10 afghanis. Intérieurement, je souriais. J'avais plus honte pour lui que pour moi.

27.

La démocratie

Ce matin du 7 juillet, la journée avait commencé, fidèle à toutes les autres. Mais aujourd'hui, quelque chose a changé. Je veux l'écrire et je veux me souvenir de cette date. La matinée tirait à sa fin. J'avais étendu la lessive qui allait sécher presque instantanément sous le soleil brûlant. J'avais vérifié sur l'horloge qui marquait 11 h 56. En quatre minutes, j'ai pris le temps de renverser un broc d'eau sur mes cheveux que j'ai ensuite peignés en arrière. Je suis montée enfiler mon uniforme. J'ai pris mon sac à dos rose, vérifié que j'avais les bons cahiers. Je me souviens que j'avais mis mes sandales en plastique rose. Le plastique avait légèrement fondu sous la chaleur et mon pied ne rentrait plus tout à fait comme il faut dans la chaussure gauche. Bassira et Khaleda m'attendaient à l'entrée, déjà prêtes. Nous avons traversé le cimetière sous l'ombrelle qui nous protège du soleil. Nous avançons d'un pas vif. À une certaine cadence, nous nous sommes aperçues que nos pas soulevaient moins de cette poussière fine comme le sable. Nous marchons en regardant nos pieds pour être sûres de ne croiser aucun regard d'homme. C'est une démarche commune à toutes les jeunes filles. Si nous relevons la tête, alors nous faisons mine de regarder dans le vide. Dans notre quartier, l'un des plus pauvres de Kaboul, tout le monde se connaît. Les langues se délient vite. Maman ne voudrait pas surprendre une voisine dire que « les filles de Latifa parlent à des hommes ». Les événements prennent ici des proportions toujours démesurées. J'aime autant éviter d'être l'objet du moindre ragot.

Nous avons dépassé le petit bazar au pied de la colline où nous achetons du pain et des légumes. J'ai salué le vieux Jan Mohamed, l'épicier, trop vieux pour susciter des jalousies, et nous avons continué notre chemin jusqu'à Malalai. Je ne sais plus bien quelle heure il était. Nous étions parties de la maison à midi. L'école démarrait à 12 h 30. Il devait être 12 h 20.

Nous venions d'entrer dans l'avenue qui mène à notre école. Je me souviens parfaitement que ma sœur Bassira me racontait à ce moment-là que son professeur de français, M. Pascal, lui avait demandé de refaire ses exercices pour aujourd'hui. Puis une explosion énorme, suivie d'une épaisse fumée grisâtre, a retenti. C'est un peu irréel comme sensation. J'ai ressenti comme une onde qui se propageait et qui m'envahissait progressivement. J'ai regardé mes deux sœurs qui tenaient toujours debout et qui avaient un regard qui mêlait la surprise, le choc, l'étonnement, l'incompréhension. J'avais les oreilles complètement bouchées. J'avais la sensation, surprenante, d'assister en spectatrice au désastre qui s'offrait à mes yeux. Mon cerveau réfléchissait en accéléré, mon corps, lui, restait obstinément planté au milieu du trottoir. Dans la rue, les gens ont commencé à courir au bout de quelques longues secondes. Les voitures se sont arrêtées. Leurs conducteurs sont descendus. Il y avait presque autant de monde au milieu de la rue que sur les trottoirs. Avec Bassira, on a réfléchi rapidement que la rue allait être bloquée et que nous ne nous pourrions jamais atteindre l'école qui se trouve à quelques centaines de mètres après le lieu de l'explosion. Il y a un an, sur ce même sempiternel trajet vers l'école, un bus avait déjà explosé, faisant trente morts. Nous venions de quitter la rue avec mes sœurs. Pendant quelques jours, maman n'avait pas voulu que nous sortions de la maison. Et puis, il avait bien fallu retourner affronter son destin.

Nous avons rebroussé chemin calmement. Contrairement aux autres enfants, nous ne nous sommes pas précipitées pour voir ce qui s'était passé. Farhad nous a toujours dit qu'il fallait vite s'éloigner au cas où il y aurait une seconde bombe. Nous sommes retournées à la maison. Tout le quartier avait entendu l'explosion et les premières rumeurs circulaient. « C'est à l'ambassade d'Inde », informait un *baba* dont le fils se trouvait apparemment dans un magasin juste en face. « Moi, je crois plutôt que c'est au ministère de l'Intérieur juste en face. Ce sont toujours les policiers qui sont les premiers visés », répondait un autre. Nous, nous n'avions pas vraiment d'avis. Juste de la poussière sur nos vêtements et sur nos sacs qui prouvaient que nous n'étions pas passées très loin. Maman nous a vues revenir avec surprise. Elle a tout de suite compris à nos têtes et à notre état qu'il s'était passé quelque chose. À quelques minutes près, ai-je alors réfléchi, nous aurions pu ne plus être là. Maman nous a préparé un thé chaud. Elle nous a avoué que depuis l'année dernière elle vivait avec cette crainte permanente. « Et pourtant, tous les jours, je fais le même rêve, identique. Je vous vois rentrer à la maison tous ensemble et j'ai le cœur apaisé. »

Je veux retenir cette date du 7 juillet parce que j'ai le sentiment, peut-être un peu prématuré, que l'histoire se bouscule. Il y a des jours où la guerre contre les talibans dans le Sud semble tellement lointaine qu'elle en est irréelle. À Kaboul, on continue toujours à vivre, à manger, à circuler. La guerre, c'est à la télévision qu'on la regarde.

Et puis, il y a des jours, comme aujourd'hui, où la réalité vous rattrape dramatiquement et ébranle votre quotidien. Je veux me souvenir de ce 7 juillet où quarante personnes sont mortes en attendant de pouvoir faire leur visa pour l'Inde ou simplement parce qu'elles ont eu le malheur d'être au mauvais endroit au mauvais moment. Je ne voudrais pas que ce 7 juillet marque un tournant.

Nos deux grands frères d'habitude si indépendants, Farhad et Fawad, sont venus à la maison pour dîner. C'est rare que nous soyons les treize enfants réunis. Soukria et Samira ont épousseté le tapis du salon puis ont déroulé la nappe en plastique dans laquelle nous glissons toujours le pain pour qu'il se conserve mieux. Petit privilège, maman nous a autorisées, les trois filles choquées, à ne rien faire ce soir. Rohina et Fatana ont fait un peu la tête. Farhad a acheté des kebabs de mouton. Les morceaux de viande et de gras sont enfilés comme des perles sur une tige puis cuits sur des braises incandescentes. À l'aide d'un bout de pain, on pince un morceau de viande qu'on fait glisser le long de la tige et on avale l'ensemble presque d'un coup, sans mastiquer. Dans ma tête, j'essaye de calculer depuis combien de temps je n'ai pas mangé de viande. Ça fait très longtemps...

Farhad était particulièrement en colère. « Nous avons les dirigeants que nous méritons », a-t-il dit, s'adressant à ma mère et à la tablée tout entière, tout en engouffrant un premier kebab trempé dans des piments séchés puis réduits en miette. Notre Président Hamid Karzai, un Pachtoun, est loin de faire l'unanimité parmi la population. Ma mère ne l'aime pas non plus. Elle dit qu'il ne fait rien et que c'est la marionnette des Américains. Moi, je n'y connais rien et je ne me permettrais pas de rentrer dans la conversation. Tout ce que je sais, c'est que la sécurité ne cesse de se détériorer depuis trois ans. Et que si, à Kaboul, nous sommes relativement épargnés, la multiplication des attentats-suicides, comme celui de ce matin, n'est pas un bon présage. Je trouve aussi que le raisonnement de Farhad est très intéressant. Contrairement aux Afghans qui ont toujours tendance à rejeter la faute sur leurs voisins, l'Iran, le Pakistan, ou sur l'ingérence étrangère, ou encore sur l'origine pachtoune du Président Hamid Karzai, Farhad, lui, accepte de regarder la réalité en face, même si elle fait mal. Si nous avons, comme il dit, « les dirigeants que nous méritons », alors nous ne valons pas mieux que ces centaines de parlementaires corrompus et ces ministres qui participent illégalement au trafic d'opium. Nous avons encore beaucoup à faire pour avoir le droit de vivre en démocratie.

28.

Tchaokidor

Les quelques jours qui suivent un attentat sont toujours étranges. La vie reprend presque normalement. Et pourtant, il y a une réserve inaccoutumée chez chacun d'entre nous. C'est comme si la ville et ses habitants, le temps de quelques heures, ruminaient leurs humeurs, leurs espoirs et leurs peurs. Ce laps de temps est toujours assez court. On croit que la tension est extrême et que le pays peut basculer rapidement. On ne se risque pas à donner des dates, mais on assure que ça pourrait être plus rapide qu'on ne le pense. Quarante-huit heures plus tard systématiquement, la tension s'est évaporée comme d'un ballon de baudruche et l'attentat est déjà loin. Je m'étonne moi-même de notre capacité à oublier.

Aujourd'hui, j'ai beaucoup marché. J'en avais besoin. Certains marchent pour mieux penser, moi c'est le contraire, je marche pour ne surtout pas avoir à réfléchir. Je n'ai jamais fait le compte des kilomètres que je parcours chaque jour, mais je pense que j'en fais au moins 20. Autant de temps où mon esprit est en sommeil. Je me laisse porter par la ville. Je suis le flux des passants. Je me laisse guider par mes pas. Je fais des paris idiots avec moi-même, comme arrêter de respirer jusqu'au bout de la rue. À Charahi Ansari, les trottoirs sont partiellement en carrelage. Je parie que je ne marcherai jamais sur les lignes droites ou horizontales. Cela m'oblige à marcher en danseuse, sur la pointe des pieds pendant quelques centaines de mètres. Si je perds mon pari, je m'impose un gage difficile. Comme ça, je réussis toujours mes paris...

J'ai croisé le petit Ahmed, le copain de Bilal, et comme j'avais du temps j'ai fait un bout de trajet jusque chez lui dans le quartier de Taimani. Il y a beaucoup de *tchaokidors* dans ce coin, littéralement « l'homme sur sa chaise ». Ce sont souvent des *babas* à la barbe blanche qui gardent les maisons des expatriés ou des riches Afghans. Ils ont parfois une petite cabane en bois où ils peuvent dormir. Il y en a un que j'aime beaucoup devant une maison à la porte gris clair de la rue 1 de Taimani. Il est plus petit que moi mais il a un sourire malicieux. Je ne lui ai jamais demandé son prénom, mais on se salue respectueusement chaque fois. Il a posé devant la porte une chaise à l'assise en skaï qui doit être insupportable l'été. Le plus souvent, il est assis par terre à côté du cordonnier qui répare vos chaussures avec un morceau de plastique pour moins de 5 afghanis. La vie du *tchaokidor* est cadencée par le battement de la porte qui s'ouvre puis se ferme, les salamaleks et un humour désarmant. Les *babas* ont toujours des histoires drôles à raconter. La semaine dernière, celui de la rue 1 m'a raconté celle-ci : « Tu connais la dernière ? Même si un âne va à La Mecque, il sera toujours un âne quand il revient. » Ainsi va la vie à Kaboul. Cahin-caha. On se moque de soi, du monde et de tout. On aime les histoires sans début ni vraie fin. Le temps est suspendu à l'instant. Le passé est trop douloureux, le futur, trop incertain. On a donc choisi de vivre au présent.

Les *tchaokidors* sont la meilleure source d'informations en ville. Ils savent tout ce qui se passe. Le vendeur de mangues a ainsi parlé à l'épicier, qui l'a répété au vendeur de glaces mobile et sa sonnerie *La Lettre à Élise*, qui lui-même ne s'est pas fait prier pour le glisser au policier, qui l'a finalement retransmis au *tchaokidor*, qui se fera un plaisir de vous raconter une information aussi fiable que le nombre de relais qu'elle a pu rencontrer. C'est vous dire. Ainsi va la vie à Kaboul. Cahin-caha.

29.

Le mariage

« *Salaam aleikum* », nous salua Enayat, le frère de Ouasse, à l'entrée du Wedding Hall. « *Aleikum salaam* », avons-nous répondu en chœur, encore impressionnés d'être ici pour un *awroussi*, un mariage, aussi fastueux. Il était 18 heures. Enayat nous a indiqué la salle réservée aux femmes et mes frères ont pris la direction de celle des hommes. Des enfants couraient partout dans les escaliers. J'avais mis ma plus belle tenue. Une jupe vert pomme avec des mini miroirs brodés et la veste assortie à manches longues pour cacher ma brûlure au bras qui tardait à cicatriser. J'avais relevé mes cheveux en chignon et maman avait accepté exceptionnellement qu'on les asperge de paillettes. J'ai eu le droit aussi de mettre mes chaussures compensées qui me donnent 7 centimètres en plus. Mes sœurs avaient mis, elles aussi, leurs plus belles tenues. Fatana, Khaleda, Rohina, Bassira, Raissa et moi avons eu l'autorisation de nous maquiller. Un *awroussi* est un événement exceptionnel. Nous avions acheté une crème blanchissante pour la peau et du rouge à lèvres. C'est une tradition. Toutes les femmes finissent un peu par se ressembler. La crème masque les traits. Et nous redessinons entièrement nos yeux et notre bouche au crayon. Dans la salle des femmes, nous étions au moins cinq cents. Peut-être plus. Les tables étaient déjà dressées avec du *zam-zam* (du Coca ou de l'Orangina) comme seule boisson autorisée. Nous avons retrouvé des tantes. Nous sommes tombées dans les bras les unes des autres et nous sommes embrassées trois fois à la manière afghane.

Les mariés, eux, sont dans une pièce à part, entourés de leurs proches. J'ai eu le droit d'aller saluer mes cousins. Homa et Ouasse portaient encore tous les deux le costume vert traditionnel des mariés, symbole de l'islam, du printemps et d'un amour naissant. Les registres avaient été signés un peu plus tôt et les mariés allaient pouvoir enfiler une tenue plus occidentale.

Les musiciens ont commencé à jouer du *rubab*[1] et des chansons traditionnelles afghanes. Un

1. Instrument national en Afghanistan. C'est un instrument à cordes que l'on pince et dont la table d'harmonie est constituée de peau. On le tient horizontalement sur la cuisse droite, le manche vers la gauche et le musicien est assis par terre.

simple paravent séparait la salle des hommes de celle des femmes, mais les entrées étaient différentes pour éviter que l'on ne se croise. Vers 21 heures, après un dîner composé d'un *kabuli palaw* typique, du riz cuit à la graisse de mouton avec des raisins secs et des morceaux de mouton, les musiciens ont joué la chanson traditionnelle qui prévient de l'arrivée des mariés. La chanson s'appelle *Ahesta boro, mah e man ahesta boro*, ce qui veut dire « marche lentement, mon étincelle dans la nuit, avance doucement ». Nous nous sommes alors tous levés. La mariée avait revêtu une robe blanche et Ouasse portait un smoking trois pièces. Ils ont traversé lentement la pièce pour s'asseoir sur deux chaises qui font face au public. Le père de Homa leur a recouvert la tête d'un voile joliment travaillé. Sous le voile, les deux mariés doivent se regarder dans un miroir et voir leur futur ensemble. C'est une scène magnifique même si Homas et Ouasse ne se découvraient pas pour la première fois. Ouasse a ensuite dit une prière rapide et les musiciens se sont remis à jouer.

Homa était particulièrement belle et digne dans sa robe blanche. Elle avait un regard un peu absent. J'étais très contente parce qu'elle m'avait choisie pour la cérémonie du henné. Sept célibataires seulement peuvent y participer. La tradition veut que la maman de la mariée place du henné dans la paume de sa main, qu'elle doit ensuite serrer très fort. J'ai été chargée d'enrouler la main de Homa dans un très beau tissu blanc, comme un pansement sur un cataplasme, qui doit maintenir la main bien serrée. Au bout de quelques heures, le mari doit l'enlever et découvrir la paume de la mariée. Si la couleur est très sombre, c'est qu'ils sont très amoureux et que leur mariage sera heureux.

Après la cérémonie du henné, je suis remontée retrouver mes sœurs et nous avons dansé de longues heures. Ce sont des danses traditionnelles où le port de tête et les jeux de main sont très importants. J'aime beaucoup danser. Cela nous arrive parfois, entre sœurs, de nous entraîner pour le plaisir. De leur côté, les garçons dansent le *attan*, une danse traditionnelle du sud de l'Afghanistan. Ils forment un cercle et tournent en rythme en balançant les bras en avant puis en arrière. C'est une danse très éprouvante qui peut durer des heures. Les garçons, paraît-il, finissent parfois en transe, la respiration coupée. Quand le *attan* est fini, le mariage s'arrête. Il ne dure jamais jusque très tard dans la nuit. Les femmes, après s'être exposées, pouponnées et maquillées en espérant secrètement être vues de tous, remettent leur burqa et partent à toute vitesse. Le mari ou le frère n'attend pas.

Nous avons retrouvé les garçons devant le van que Farhad avait emprunté à un ami. Sur le trajet du retour vers la maison, nous nous sommes raconté le mariage, chacun de son point de vue.

Je suis la seule à avoir vu Homa d'aussi près. J'ai relaté en détail la cérémonie du henné. Jamshed a voulu connaître le résultat. Je lui ai dit que Homa avait la paume noire comme l'ébène. Jamshed a été rassuré. Les rues de Kaboul sont vides à cette heure, nous avons roulé vite. À Qala-e-Fatullah, nous avons été arrêtés à un barrage. Le policier a braqué une torche sur nous. Farhad a montré sa carte de professeur et expliqué que nous revenions d'une cérémonie de mariage. Le policier a fait un geste de la main, un peu énervé d'avoir été dérangé, et un râle qui signifiait « vous pouvez circuler ».

En m'endormant, je repensais à la scène du miroir. Moi, la simple idée de devoir toucher un homme me dégoûte. Et pourtant, cette cérémonie de mariage était plus émouvante que je ne l'avais imaginé.

30.

Les garçons

Aujourd'hui, je ne veux plus faire semblant de croire à la réalité. Mon inconscience me rend parfois bien ignorante du genre humain. Je ne crois plus à la fraternité. Cette pensée m'a obsédée toute la journée. Ce matin, je ne m'y attendais vraiment pas. Je marchais vers l'école. J'étais un peu en retard. Khaleda et Bassira étaient parties avant moi. Je marchais d'un pas ferme et rapide en regardant par terre pour être sûre de ne croiser aucun regard. Je venais de prendre la petite ruelle en face de la maison qui me fait gagner des minutes précieuses quand le temps m'échappe. D'ordinaire, je ne l'emprunte qu'avec mes sœurs. Seule, j'ai toujours un peu peur. La ruelle est étroite comme un coupe-gorge. Les murs sont hauts et lisses, sans la moindre ouverture. Les maisons de torchis ont d'habitude un aspect si fragile. Elles s'effritent. On dirait qu'elles ne sont là que pour un temps incertain, à l'image du torchis, friable, volatile, suspendu aux coups de vent et aux tremblements de terre. Nos maisons s'excuseraient presque d'exister. À l'inverse, les murs de la ruelle sont imposants et massifs. Ils ne sont pas vraiment droits et rivalisent dangereusement avec les lois de la gravité. Je n'aime pas cette rue car je ressens physiquement la pesanteur de la construction et j'ai l'impression désagréable que les murs se referment sur moi. Tout à l'heure, je n'ai pas vraiment réfléchi et je me suis dirigée droit vers ce raccourci. Il baignait dans une pénombre agréable, protégé des rayons du soleil. J'ai été obligée de plisser les yeux pour m'habituer à cette ombre soudaine. J'ai vu une forme se dégager. Puis deux. Des garçons qui devaient avoir quinze ans. Ils se sont dirigés vers moi et m'ont bloqué le passage. Ils m'ont bousculée l'air de rien et je me suis cognée contre ce mur que je déteste. L'un d'eux, avec un duvet sur le haut de la lèvre supérieure, m'a arraché mon voile. L'autre, qui portait une casquette flanquée de la marque Pepsi, en a profité pour me faire tomber et passer la main sous ma tunique, rapidement et presque gêné de faire une chose pareille. Ils avaient des gestes brusques. Ceux d'adolescents arrogants parce que encore inexpérimentés. J'ai commencé à pleurer. Je n'ai pas crié. Je n'aime pas faire des histoires. Ils ont rigolé, m'ont dit quelque chose du genre « tu n'as que ce que tu mérites » et sont partis en courant, hilares. La scène aura duré moins de trois minutes. J'ai eu l'impression de me dédoubler, d'un côté mon enveloppe corporelle, inerte, de l'autre ma tête qui réfléchissait à toute vitesse à la manière de me dégager de cette étreinte forcée. Ce n'est pas la première fois que des garçons m'embêtent. Ils ne vont jamais très loin. Je suppose que c'est juste une façon de faire peur aux filles et de leur faire comprendre qu'elles seront toujours plus faibles. C'est cette idée-là qui me fait le plus mal. Ces types sont méprisables. Quand je repense à cette scène, je me trouve lâche de n'avoir rien dit. Je n'ai pas cherché à fuir, comme si j'avançais, un peu résignée, vers mon destin. Ces jours derniers, je ne me reconnais vraiment plus. Je ne suis pourtant pas fataliste ! Alors, j'ai fait le vœu de ne plus jamais me laisser faire. Je n'hésiterai plus à me battre et à lutter contre la facilité d'accepter l'ordre imposé par ces garçons. À treize ans, je n'ai pas le droit de ne plus croire à la réalité.

31.

L'échappée belle

Ce matin, j'en ai eu marre. J'ai eu envie d'une autre vie. Quand je suis revenue du marché, la lumière blanchâtre faisait si mal aux yeux que tout le monde avait ce regard plissé qui paraît regarder dans le vide. Le soleil était déjà haut et les ombres marquaient l'ensemble des visages, juste sous les yeux et l'arête du nez. J'avais si chaud ! Je sentais ma nuque trempée sous mon voile. Je me suis arrêtée à un puits pour me passer de l'eau sur le visage. Il y avait quelques gamins agglutinés qui remplissaient des bidons qui serviraient aux lessives et à la préparation du thé et du pain. Aux ablutions pour les prières aussi, peut-être. J'ai attendu mon tour. Un gamin, qui devait avoir sept ans, se battait avec un autre plus âgé, qu'il accusait de lui avoir volé son tour. Personne n'a cherché à les séparer, trop habitué à ces batailles rangées dans les rues de la ville, qui se terminent aussi rapidement qu'elles ont commencé violemment. J'ai juste pensé que la nouvelle génération était malheureusement aussi bagarreuse que celle de nos parents. Où cela nous mènera-t-il ? J'ai laissé une petite fille à la robe de princesse violette remplir une bouteille d'eau juste devant moi. Elle avait un air de poupée et semblait totalement étrangère au tumulte qui l'entourait. Elle est repartie comme elle était venue dans sa petite robe violette froufrouteuse. À chaque pas, ses chaussures couinaient et produisaient une lumière rouge au niveau de la semelle. Tous les gamins veulent ces nouvelles chaussures en plastique.

J'ai bu quelques gorgées. C'est incroyable comme l'eau vous apporte une sensation de plénitude quand la soif devient insupportable. Je ne sais pas quand l'idée de m'échapper aujourd'hui m'a traversé l'esprit. Je n'en pouvais plus de cette chaleur moite et étouffante. Je me sentais d'un coup isolée dans la foule du marché. J'ai repensé à M. Mark. C'est un Américain qui travaillait comme mercenaire à Kaboul. Je crois qu'il était en charge de la sécurité d'une entreprise américaine, mais je n'ai jamais bien compris en quoi consistait son travail. Je crois aussi que je préfère ne pas savoir. Il est maintenant en Irak. Un jour où nous avions pris un peu le temps de bavarder, il m'a parlé de Band-e-Qargah. C'est un lac à une dizaine de kilomètres de Kaboul. Le vendredi, le jour du week-end, les familles vont souvent là-bas pour pique-niquer et profiter de la fraîcheur du lac. J'ai eu furieusement envie d'aller à Qargah.

J'en ai parlé discrètement à Bassira. De mes sœurs, c'est la plus frondeuse. Elle ne craint pas notre mère et elle est toujours partante pour les projets un peu aventureux. Nous aimons bien, toutes les deux, passer des pactes secrets. Nous nous offrons le droit d'être malicieuses.

Nous étions convenues de nous retrouver devant l'école à 12 h 20. Mais au lieu d'aller en cours, nous avons continué notre route jusqu'à la station de bus, en face de l'annexe du ministère de l'Intérieur. J'avais gardé 5 dollars dans une poche de ma tunique. J'en ai profité pour acheter chez l'épicier du coin un paquet de chips, mon péché mignon, et deux cannettes de soda bien fraîches sorties d'un bac isotherme rempli de pains de glace. Nous avons dépassé l'hôtel Mustapha, viré sur la droite devant le vendeur de kebabs, puis nous sommes arrivées sur la petite place où stationnent les bus. Il y avait une foule compacte. Des voix s'élevaient dans le brouhaha des pots d'échappement, celles des conducteurs qui annonçaient leur destination finale. Il y avait un bus rempli de recrues de la nouvelle Armée nationale afghane. Ils étaient tous habillés de treillis. Certains dormaient la tête contre la fenêtre. D'autres rigolaient. Je n'avais pas le son, mais je croisais quelques regards. Cela me suffisait à deviner les quelques blagues balourdes qui devaient s'élever dans le bus. La place m'a fait l'effet d'un amoncellement. Au milieu, des bus, des vendeurs ambulants. Par terre, les femmes étaient assises recroquevillées sur une valise, juste à la hauteur des gaz qui devaient leur faire tourner la tête. Certaines tenaient un enfant dans les bras. Je souffrais pour elles : sous leur burqa en synthétique, la température devait être terriblement élevée. Elles attendaient le mari ou le frère partis chercher les billets. Dans cet amoncellement, il y avait aussi des gamins venus mendier quelques pièces, des commerçants qui payaient un bakchich pour transporter des marchandises vers la province et quelques écrivains publics rédigeant une lettre sous la dictée qui partirait à destination d'une famille lointaine par le prochain bus. J'aime bien cette station de bus. Ce que j'aime par-dessus tout, c'est reconnaître d'où vient le bus. En Afghanistan, c'est un peu le cimetière des éléphants. Tous les rebuts occidentaux trouvent ici une seconde vie. C'est le cas pour les bus. Certains portent encore l'inscription « Schülertransportes ». Les écoliers allemands seraient surpris de voir leur ancien bus scolaire rempli d'hommes aux longs turbans noués autour de la tête ! Il y a des Kamaz russes beaucoup plus imposants et qui transportent essentiellement des marchandises sous leur bâche. Il y avait un bus italien aussi, qui d'après son ancienne plaque d'immatriculation venait de Rome. Les trois lettres KBL, pour Kaboul, avaient été grossièrement placardées sur l'inscription « Roma ».

« Bon, Diana, on y va ou quoi ? *Zendagui megzaga*, la vie n'attend pas... »

Bassira a toujours été pressée. Je suis plus contemplative. J'ai laissé de côté mes rêveries pour me mettre en quête du bon bus. Bassira était déjà en pleine discussion avec un chauffeur.

« Band-e-Qargah ? Il n'y a pas de bus pour le lac aujourd'hui. Ce n'est que le vendredi. Demande au chauffeur là-bas, je crois qu'il ne s'arrête pas trop loin. Mais il faudra finir à pied. »

Le bus passait effectivement par l'hôtel Intercontinental au nord-ouest de Kaboul puis prenait la direction de Ghazni. Le chauffeur acceptait de nous déposer pour 30 afghanis à l'embranchement de la route qui mène à Qargah. Il faisait une chaleur suffocante et une forte odeur de transpiration imprégnait le bus. Pour une obscure raison, toutes les vitres de notre côté, sur la gauche, avaient été condamnées. Ce n'était qu'un détail car le bus, de surcroît, n'avait plus d'amortisseurs depuis bien longtemps. Le moindre nid-de-poule le déstabilisait et je les ressentais chaque fois douloureusement. J'ai bientôt commencé à avoir des haut-le-cœur terribles. Bassira m'a donné un peu de son soda. J'ai fermé les yeux.

J'avais cru qu'en quittant la ville on laisserait derrière nous un peu du chaos et du stress. Mais le chauffeur n'était visiblement pas décidé à profiter des charmes de la campagne qui se profilait. Il roulait toujours plus vite, dépassait les récalcitrants d'un coup de volant brusque associé à un coup de klaxon qu'il prenait plaisir à faire durer. En plus d'avoir la nausée, je commençais à avoir mal à la tête et à regretter de nous avoir embarquées dans cette aventure. Au bout d'une demi-heure, le bus a ralenti. Le chauffeur nous a fait signe de descendre. Nous avons sauté sur un talus. Le bus ne s'était pas arrêté et a continué sa course folle vers la ville de Ghazni.

Nous avions encore une demi-heure de marche jusqu'au lac. La terre était gorgée du soleil de midi et je sentais au travers de ma semelle la température grimper pour atteindre des sommets. Mon corps entier brûlait. Nous marchions côte à côte avec Bassira sans une parole, le corps et l'esprit totalement investis dans cette marche pénible. Nous avons croisé, dans un champ, des élèves qui écoutaient un cours de mathématiques. Les tables avaient été placées dehors. La classe normalement a lieu sous les tentes du HCR, le Haut-Commissariat des Nations unies pour les réfugiés. Il devait faire beaucoup trop chaud et le maître s'est vu contraint de faire la classe en plein air. Nous entendions au loin les récitations monocordes d'une série de multiplications. Cette vision n'a même pas réveillé en moi la moindre confusion d'avoir fait l'école buissonnière aujourd'hui. Il y a des jours où il fait bon être en contradiction avec soi-même.

J'en souris maintenant quand je repense à cette longue marche forcée vers le plaisir de voir le lac pour la première fois de ma vie, mais sur le moment j'ai cru qu'elle n'en finirait jamais. Puis j'ai entendu des cris d'enfants et des gerbes d'eau qui retombaient avec un bruit de clapotis. Nous n'étions plus très loin.

Pour un mardi, il y avait du monde. La chaleur en avait incité plus d'un à quitter la capitale pour venir se reposer ici à l'ombre des pins. J'ai été un peu déçue. Pour un paradis aquatique, l'eau était bien boueuse. Seuls les garçons avaient le droit de se baigner, mais quelques filles faisaient du pédalo rose à tête de cygne tout droit importé du Pakistan.

Nous nous sommes assises avec Bassira sur une pelouse entre les commerces qui proposaient des kebabs, du thé et des boissons gazeuses. Nous n'avions plus d'argent. Le seul plaisir que nous pouvions nous offrir était d'enlever nos chaussures et de soulager nos voûtes plantaires surchauffées. Nous avons tout de même gardé nos chaussettes car il y avait trop d'hommes autour de nous. La musique indienne diffusée sur des baffles crachotants, à l'aide d'un générateur, était omniprésente. Par vraiment le calme que j'avais espéré...

Il était déjà 14 heures quand nous sommes arrivées au lac. J'ai calculé que nous ne pouvions rester qu'une heure si nous voulions être de retour à Kaboul à l'heure où se termine l'école. Sans un mot, Bassira et moi regardions, subjuguées, le spectacle de ces garçons, torses nus ou vêtus d'un simple marcel blanc qui laissait deviner leur anatomie, qui rentraient et sortaient de l'eau, hilares. Ils nageaient comme des petits chiens, se débattant parfois avec fracas dans une eau qu'ils devaient apprendre à apprivoiser. J'ai pensé à ce moment-là que nous étions un peuple de montagnards. Sortis de notre contexte, nous sommes un peu perdus. Au milieu du lac, un nageur un peu contemplatif faisait la planche, les bras en croix. On aurait dit un tronc qui flottait. Il faisait corps avec la nature, loin du vacarme des berges. Je me suis surprise à l'envier. Je n'ai pas osé aller mettre les pieds dans l'eau. Les riches peuvent louer des tapis pour se prélasser étendus dans un petit abri en toile. Pour cela, il faut débourser 500 afghanis, soit 10 dollars pour la journée. Avec l'augmentation du coût de la vie, je ne sais pas qui peut encore s'offrir ce genre de plaisir. Même le prix de location des pédalos (50 afghanis par personne et pour une demi-heure) est un luxe inaccessible.

Pour une fois, nous avons été raisonnables avec Bassira. Nous n'avons pas voulu nous attarder pour être à l'heure pour vendre nos broutilles dans la rue. Nous avons trouvé un taxi qui ramenait une famille et qui a bien voulu nous prendre en même temps sans nous faire payer la course, trop étonnés de voir deux filles seules au bord du lac. Nous nous sommes serrées à l'arrière, dans le coffre de la Peugeot Break. Ils nous ont laissées à Karte Seh, dans les faubourgs de Kaboul, et nous avons terminé en bus. Nous étions presque contentes de retrouver Kaboul. C'est quand on la quitte que la ville finit par nous manquer. C'était comme retrouver un visage familier.

32.

Avoir quatorze ans

Cette nuit, trois roquettes sont tombées sur Kaboul. Je n'ai rien entendu. D'ailleurs, c'est bien rare que je les entende. Elles visent surtout l'ambassade des États-Unis, qui se trouve de l'autre côté de la ville vers le rond-point Massoud. Le plus souvent, ces roquettes font plus de dégâts que de mal, car elles retombent au hasard et parfois n'explosent même pas. Farhad dit que c'est parce que le stock des roquettes date de l'époque des Soviétiques et que même les rampes de lancement sont rouillées. Un voisin, qui dort sur son toit l'été, a raconté à Farhad que depuis quelques semaines, et lorsque le ciel était dégagé, il voyait les bombardements au loin qui touchent le Wardak et la Kapisa. Ce sont deux provinces qui jouxtent Kaboul et qui sont menacées par la présence de groupes talibans. Le voisin a ironisé en disant qu'il s'était habitué à s'endormir au bruit du ronronnement continu des avions de combat et des drones qui survolent la ville. J'ai pensé, une fois de plus, que nous vivions un été étrange. La guerre revient peu à peu dans les discussions.

J'ai toujours du mal à me débarrasser de mon vilain défaut : je compte tout. J'anticipe. Je ne sais pas d'où vient cette manie. Peut-être une manière de défier un futur que je sais tracé d'avance. Je pense souvent, par exemple, aux années qui me restent avant mon mariage.

J'ai beau avoir fait le vœu de ne jamais me marier, je sais bien qu'il me sera difficile de me soustraire à cette tradition. Quand vous voulez mener votre vie à contre-courant, les obstacles qui se dressent devant vous sont toujours plus grands, plus infranchissables que dans une vie normale. Je le sais bien. Aurai-je la force de lutter contre un sort inévitable ? Surtout, vais-je avoir le courage de mes convictions ? Je crois que c'est un peu facile, à treize ans, de dire « moi ? jamais ! ». En vieillissant, vous apprenez à faire des concessions, c'est pour cela que je ne voudrais jamais grandir. Étrange journée où j'ai réfléchi au sens des conventions. Suis-je capable aujourd'hui de comprendre ce qu'elles cachent ? Je ne préfère pas y penser.

Je suis terriblement fatiguée de me sentir en insécurité permanente. La vie, l'avenir, le quotidien, tout est frappé du sceau de l'incertitude. Ce qui me rassure, c'est que j'ai trois sœurs aînées qui ne sont toujours pas mariées. Ce sera leur tour avant le mien. *Inch Allah* ! j'ai encore quelques années devant moi.

Il y a une autre date qui me terrorise. Maman m'en a parlé il y a un peu plus d'un mois. Elle m'a dit qu'à quatorze ans je serai malade. Pour me rassurer, elle m'a avoué que toutes les filles étaient malades à quatorze ans. J'ai demandé un peu plus tard à mes sœurs de quoi il s'agissait, mais elles n'ont pas voulu m'éclairer. Elles m'ont dit « tu verras bien quand ça arrivera ». Il ne me reste qu'un an. C'est un aspect de notre culture que je déteste. On ne dit jamais les choses clairement et ouvertement. Surtout dès qu'il s'agit de notre corps et des maladies. En cours de biologie à l'école, nous avons des livres sans dessins ni schémas. Notre dernier cours était sur la cellule. La prof, pendant plus de deux heures, nous a expliqué que notre corps était entièrement constitué de cellules. Mais on ne sait même pas à quoi ça ressemble, une cellule ! Pour moi, c'est terrible, cette ignorance assumée. À la télé, il y a une émission qui s'appelle *Da Buslan abu Ali*. C'est une série qui raconte la vie dans un hôpital. Bien sûr, le scénario est très pudique. Le seul intérêt de cette série, c'est qu'elle donne des infos sur les maladies et sur le fonctionnement du corps humain. Tout est toujours expliqué avec des métaphores et des paraboles. Le message est tellement détourné qu'il en devient obscur. Je me demande bien qui y comprend réellement quelque chose. Maman regarde souvent ce programme avec mes sœurs. Moi, je n'ai pas toujours le droit. Peut-être à quatorze ans, quand je serai tombée malade...

Ce matin, nous avons eu une heureuse surprise, tout de suite balayée par une mauvaise. Je commence par la bonne : papa va revenir demain matin pour quelques jours. La mauvaise, c'est qu'il revient pour l'enterrement de sa mère, qui est morte de vieillesse hier soir. D'après ce que maman a compris, elle marchait sur un sentier de terre en rentrant du bazar vers chez elle. Des enfants l'ont trouvée par terre inanimée. Son cœur a lâché d'un coup, peut-être sous le coup de la chaleur. Farhad et Fawad sont partis à Ghul Dara pour l'enterrement. Il aura lieu avant la tombée de la nuit. Papa ne pourra jamais être là à temps.

Je suis triste pour ma grand-mère car je l'aimais bien. J'ai un peu honte car je n'aimais pas l'embrasser. Elle avait de longs poils qui frisottaient à l'extrémité du menton. Elle piquait un peu quand elle vous embrassait.

Je voudrais me souvenir de son visage. Il avait une forme particulière. Deux joues rebondies malgré la vieillesse et une vie émaillée de drames. Le menton partait un peu vers l'avant. Une ride profonde marquait le haut de son nez comme si elle avait froncé les sourcils pendant trop longtemps. L'ensemble formait un cœur visible et donnait à ma grand-mère un air profondément sympathique. Quand on lui demandait quel âge elle avait, ma grand-mère répétait depuis plusieurs années qu'elle avait cinquante-deux ans. S'est-elle seulement rendu compte que les années, pour elle, se sont enchaînées, strictement identiques, au rythme des saisons qui passent, des nuits qui tombent, comme autant de repères dans une vie morne ?

Maman nous a annoncé que grand-mère était morte au retour du marché. Je ne suis pas triste. J'imagine qu'Allah l'accueillera bien. Ma grand-mère n'a jamais rien fait de mal.

Papa a téléphoné pour dire qu'il prendrait le bus depuis Peshawar à 8 h 20. Avec un peu de chance, il passera rapidement la frontière et il pourra être à la maison tôt ce soir. J'ai vraiment hâte de le voir ! Maman nous a demandé de nous laver, et exceptionnellement nous ne sommes pas allées à l'école pour préparer et ranger la maison pour la venue de papa. J'ai voulu me concentrer sur son arrivée pour ne pas gâcher mon bonheur de le retrouver par la mort de ma grand-mère. Même maman a un air un peu exalté. Elle a retrouvé un dynamisme que je ne lui connaissais plus depuis longtemps. Elle a envoyé Shoukria et Samira au bazar d'à côté pour acheter de la farine. Elle va cuisiner le plat préféré de papa. Ce sont les *mantous*, une sorte de raviolis garnis de viande et servis avec des haricots rouges et une crème épaisse. Je suis ravie. J'aime bien ces journées un peu exceptionnelles où le routine est cassée. Évidemment, j'aurais préféré que ce soit dans des circonstances plus heureuses.

Papa est arrivé sur le coup de 19 heures. Nous étions tous dans le salon, sauf Farhad et Fawad qui étaient encore sur la route du retour de Ghul Dara. Nous nous sommes levés d'un bond, dans un même élan de tendresse vers notre père. Shoukria et Samira avaient la tête enfouie dans ses jambes. Les grandes, nous étions plus pudiques. Nous l'avons entouré et pressé de questions. Je l'ai trouvé très amaigri. Il avait les traits tirés et le teint un peu jaune. Depuis combien d'années est-il parti ? Il a l'air d'avoir tellement vieilli... Après l'effervescence des embrassades, il y a eu une gêne partagée. Après ces deux années, on ne savait plus trop quoi se raconter. Ou plutôt personne ne savait par où commencer. Papa a décidé de rompre ce silence en disant qu'il avait ramené des cadeaux. Il est sorti pour aller récupérer son sac laissé à l'entrée. J'ai eu un choc. C'était la même couverture chinoise que le jour de son départ. Mon Dieu ! Sa vie a-t-elle si peu évolué pour qu'il garde la même couverture qu'il y a deux ans ? Dans quelles conditions vit-il ? Je suis inquiète quand je le vois si marqué. Soukria et Samira ont eu le droit à des poupées en plastique avec de longs cheveux blonds qu'elles pourront coiffer à leur guise. Les aînées, nous avons eu un *panjabi*, avec la tunique assortie. Le mien est orange avec des rayures vertes très fines. Maman a eu une nouvelle théière. Elle a l'air contente même si son visage s'est refermé à nouveau dans une expression figée.

Nous avons veillé tard avec papa. Il a demandé à ma sœur Rohina de lui ramener une bassine d'eau pour faire ses *ouzus*, ses ablutions. Comme Rohina a traîné à le faire et qu'il a dû se répéter, mon père a commencé à devenir nerveux. Sa politique, c'est de ne dire les choses que trois fois. On est tous prévenus. Ensuite, il s'énerve et il punit. Comme je n'avais pas envie qu'il y ait la moindre tension ce soir, je suis allée préparer une bassine d'eau à la place de Rohina. Je voulais pouvoir m'endormir avec le souvenir d'une journée presque parfaite.

Cette semaine, j'ai essayé de récapituler le fil des événements. J'ai réalisé que ce père absent vivait finalement aussi pour nous. J'ai lu dans les sillons qui se sont creusés sur son visage que mon père n'était pas si indifférent à notre sort, comme j'ai pu le lui reprocher dans mes moments de détresse. Cette semaine, j'ai eu l'impression que nous étions une vraie famille. Avec un père présent et une mère qui assurait vaillamment les travaux domestiques. C'est une semaine à retenir dans l'histoire de la famille Mohamadi ! Le vendredi, nous sommes allés tous ensemble dans la maison de ma grand-mère à Ghul Dara. Maman avait fait des gâteaux et nous avions acheté du thé. C'est une tradition. Pendant quarante jours après le décès, la famille reçoit les amis et mange en priant et en pensant au mort. Ce temps de recueillement était très gai car ma grand-mère était vieille et sa mort était prévisible. Pour mon père, cela a été l'occasion joyeuse de revoir une partie de sa famille qu'il n'avait pas vue depuis longtemps.

Je voudrais que les soucis soient derrière nous. Nous avons reparlé en famille de la possibilité d'acheter un van. Papa trouve que c'est une bonne idée. Il va donner à Farhad de l'argent qu'il a réussi à économiser depuis deux ans au Pakistan. Avec les économies de Farhad et un prêt au bazar, nous devrions pouvoir supporter cet achat. La nouvelle m'a mise dans un état de surexcitation tel que mon père m'a conseillé d'aller prendre l'air dehors avec un de mes frères. J'aimerais tellement que nous ne soyons plus obligés de travailler dans la rue. Je sais que mes parents souffrent de nous faire subir ce rythme de vie. Et pourtant, je leur en veux quand même un peu.

Papa s'est baladé dans les rues de Kaboul pour la première fois aujourd'hui depuis deux ans. Il est allé saluer la famille de son frère qui vit à Karte Parwan, une autre colline à l'ouest de Kaboul. Quand il est revenu, je lui ai trouvé le regard triste. Mon père, si prompt à s'exalter avant, ne reconnaissait plus sa ville. Il se sentait étranger aux tourbillons de Kaboul. Il n'a pas su retrouver dans la ville les signes amicaux d'hier, la bonne odeur du pain ou les montagnes de l'Hindu Kush qui se découpent au loin. Il trouve que la ville est devenue schizophrène.

Papa répète souvent qu'« il faut prendre de la hauteur pour comprendre Kaboul ». Il nous a donc emmenés en famille le vendredi qui suivait sur la colline du Tombeau des rois. C'est là que tous les anciens monarques sont enterrés et gardent un œil sur la ville. Le dernier roi, Zaher Shah, a été inhumé en juillet 2007. Dans la famille, nous avions de l'affection pour ce vieux monsieur polyglotte. Il lisait le journal en français tous les matins, réminiscence du temps où il étudiait en France. Pour mon père, c'était un des derniers intellectuels encore vivants à avoir voyagé et partagé le plaisir de lire et d'écrire avec des personnalités du monde littéraire aux États-Unis et en France. Paradoxalement, cet homme de plus de quatre-vingts ans incarnait une ouverture. Bien plus, selon mon père, qu'Hamid Karzai, trop isolé et trop lié aux clans pachtouns. Le roi Zaher Shah, d'après papa, était au-dessus des ethnies. À la maison, nous parlons souvent politique. Le roi était une rare figure à l'abri des critiques.

Du haut de la colline du Tombeau des rois, nous avons donc observé la ville, sous l'œil critique de mon père : en contrebas, l'avenue Jadi Maiwand recrachait son flot habituel de taxis jaunes brinquebalants, dans ce qui était avant le marché couvert de Chor Bazar et son cortège de *khalifa*, ces artisans au savoir-faire ancestral. Les « petits métiers » ou corporations ont dû se déplacer pour laisser la place à d'imposants immeubles modernes aux vitres teintées d'or ou couleur pistache qui se dégagent le plus nettement du paysage. Il faut désormais s'enfoncer plus loin dans les ruelles pour retrouver les battements du Kaboul d'antan. Boutiquiers, écrivains publics, vendeurs d'oiseaux, marchands de tissus, vendeurs de tapis, quincailliers. Les souvenirs d'enfance de mon père se sont dispersés pour laisser la place à ce que les Afghans appellent désormais Titanic City en référence au film, symbole de modernité et d'ouverture sur l'Occident. Le terme est d'ailleurs rentré dans le langage courant et cela révolte papa de nous entendre parler d'une « coupe de cheveux Titanic », d'un « blouson Titanic ». Il ne veut pas que ses enfants ressemblent à tous les autres. Je crois qu'il s'affole un peu de voir à quelle vitesse les choses évoluent. Même Farhad a cédé à la mode des jeans taille basse cintrés et à la coupe de cheveux Tere

Naam, du nom d'une star du cinéma de Bollywood.

Mon père a été effaré quand nous lui avons appris dans un grand éclat de rire que Chor Bazaar avait été renommé le Bush Bazar parce qu'on y trouve désormais des produits importés tout droit des États-Unis. Mon père a voulu alors nous emmener à Karte Now, où se trouve le marché au bois. Le contraste entre la misère moyenâgeuse des « petits bras » qui travaillent à la journée et l'opulence des nouveaux riches y est la plus frappante. Les « petits bras » attendent à un rond-point, une pelle à la main, d'être embauchés par une entreprise de construction pour quelques afghanis la journée. Certains tirent des charrettes remplies de bois. Ce ne sont plus vraiment des hommes. Ils plient sous le supplice. Leurs os ressortent saillants, corps si mal nourri, tête penchée comme s'ils voulaient ramasser leur jeunesse tombée à terre. J'ai mal quand je vois ces hommes courbés par le poids des années. Sans doute parce que l'affinité avec les ânes et les bœufs qui travaillent aux champs est si frappante. Que peut-on attendre d'un pays où les hommes volent le travail aux bêtes ?

Dans le même quartier de Karte Now, une « golden city » créée par des investisseurs privés est sortie de terre. Une vingtaine de maisons aussi luxueuses que de mauvais goût se sont vendues à hauteur de 500 000 dollars en moins de deux mois. Mon père a ressenti un choc violent. Il a compris d'un coup ce que nous savions depuis quelques années maintenant. Le culte de l'argent a pris le pas sur les valeurs traditionnelles d'hospitalité, et les pauvres comme nous en sont les premières victimes collatérales.

En six ans, la ville s'est métamorphosée, en raison principalement de la présence de milliers d'étrangers venus aider à la reconstruction du pays. Traditionnellement plus libérale, car c'est la capitale, Kaboul se joue des paradoxes. Pendant que la cour suprême s'interroge pour savoir si les jeunes chanteuses voilées ont le droit de passer à la télé, les expatriés peuvent, s'ils le souhaitent, consommer jusqu'à plus soif. Je ne comprends pas que mon père soit choqué. C'est toute l'ambivalence de notre situation. Comment reprocher leur présence aux étrangers alors que ce sont eux qui nous font survivre depuis quelques années ? C'est une équation que Farhad et mon père voudraient résoudre avec l'achat du van.

33.

« Give me five »

Les sentiments que j'ai éprouvés cette semaine sont diffus. Confus. Je ne veux surtout pas tomber dans le pathos. Je n'aime pas me faire plaindre. Je veux rester la Diana vive et frondeuse. Mais parfois, la réalité me rattrape et je ressens alors toute l'angoisse de l'incertitude de mon avenir. Mon père est reparti ce matin très tôt et cela me rend soudainement mélancolique. Une cassure s'est produite. J'ai aimé retrouver cette autorité paternelle pendant ces quelques jours. La maison était disciplinée. On obéissait aux ordres. Aucun de nous n'a jamais cherché à se dérober comme nous le faisons avec maman. Cette simple pensée me remplit de tristesse. Le départ de mon père est synonyme d'un retour à l'anarchie, aux cris et au désordre. Mes petits frères Djamal et Bilal accusent le coup du départ. À neuf et huit ans, ils ont besoin de ce cadre protecteur et autoritaire que maman ne sait pas leur offrir.

La vie a repris son cours normal. Le ciel bleu inondait la ville. Le ramadan allait bientôt commencer. Les préoccupations de chacun sont redevenues très prosaïques : mettre de l'argent de côté pour préparer la fête de l'Eid[1], espérer que le temps soit moins lourd pendant la période de jeûne. Sans eau, à cette époque de l'année, le ramadan promet d'être difficile.

Nous avons recommencé à travailler d'arrache-pied dans la rue pour ramener plus d'argent à la maison. En cachette de maman, je suis de moins en moins allée à l'école. J'inventais des excuses ; la professeure était devenue de plus en plus malade ou absente. Cela me permettait de passer plus de temps dehors. L'école ne me manquait pas le moins du monde.

Puis un jour, la déléguée de classe, Sadjida, est venue me trouver. Elle a seize ans. Elle a été élue en début d'année parce qu'elle est belle et que c'est une forte tête. Toutes les filles de la classe l'admirent et la craignent. Sadjida fait une tête de plus que nous toutes. Son rôle consiste à nous surveiller et à nous réprimander si nous faisons quelque chose de mal ou de contraire à la morale. L'année dernière, elle a fait renvoyer une fille qui

1. L'Aïd (en arabe) ou Eid (en ourdou et en persan) marque le jour des fêtes musulmanes.

s'était teint les cheveux en blond. Pourtant, sous notre voile d'écolière, cela ne gênait personne. Je suis sans doute plus tolérante que la moyenne de mes camarades. Moi, je ne me serais jamais teint les cheveux car je considère qu'ils sont un don de Dieu, mais cela ne me choque pas vraiment que d'autres filles puissent le faire. Sadjida m'horripile. Par principe, je n'aime pas dépendre des autres. Surtout pas d'une fille qui a juste quelques années de plus que moi.

Sadjida est venue me voir à l'heure de la récréation. Nous jouions avec les autres filles à *talab-e-khan*, une balle aux prisonniers où deux groupes de filles s'opposent et s'éliminent mutuellement quand elles sont touchées par le ballon. Je n'aime pas l'air que Sadjida a pris pour me demander de quitter le jeu. Elle a aussi fait signe à Bibi Hawa, une autre camarade. La déléguée nous a prises un peu à l'écart.

« J'ai demandé à Bibi Hawa d'écouter ce que j'avais à te dire, Diana *jaan*, car c'est une fille responsable et intelligente. Pas comme toi. Depuis une semaine, tu as raté deux fois l'école. C'est trop. C'est la dernière fois, sinon je demande ton renvoi. Bibi Hawa, le major de ta promotion, est le témoin de cet ultimatum. Encore une absence et je te dénonce. »

Je me sentais à demi consciente devant la brutalité de la menace et l'imminence de son exécution. J'ai cédé en promettant de ne plus jamais être absente. On peut me dire ce que l'on veut, je trouve tout cela bien injuste. Que sait-elle, Sadjida, dans le confort de son statut de déléguée, de ma vie ? Qu'imagine-t-elle, quand elle va crânement rapporter nos méfaits à la directrice, des heures que nous volons à l'école ?

Ce soir, après avoir regardé les informations, je ne suis pas contente. Pas contente du tout. J'espérais que nous avions fait le plus dur, nous qui avons vécu notre jeunesse recluses sous le régime des talibans. Je pensais que nous, les privilégiées de la capitale Kaboul, où des libertés inédites se dessinent, pourrions enfin jouir de notre statut de femmes. Et puis voilà que ce soir à la télévision, on nous annonce qu'une proposition de loi interdisant les rassemblements publics mêlant hommes et femmes, la musique forte et le port du tee-shirt pour les garçons vient d'être soumise au vote du Parlement. Les femmes parlementaires, symbole de l'émancipation des femmes afghanes, se sont prononcées pour le vote de cette loi. Quel désenchantement !

J'ai le vague pressentiment que ces nouvelles propositions de loi sont un rappel à la réalité pour l'Afghanistan d'aujourd'hui. Nous marchons, en équilibristes, sur le fil ténu de la reconstruction. Ce type de loi fera plaisir à la frange la plus conservatrice du Parlement. Je suis furieuse de cette concession évidente. Je veux croire de toutes mes forces que cette inquiétude est déraisonnée. Cette loi est parfaitement inapplicable car illégale. Elle est l'œuvre d'un esprit tordu qui n'aura même pas songé que les forces de police, déjà si peu nombreuses, ont d'autres choses à faire que de surveiller le port du tee-shirt par les garçons. Si la pudibonderie ambiante s'embarrasse maintenant de l'anatomie masculine et que nos politiques ne trouvent à légiférer que là-dessus, l'avenir paraît alarmant. Il nous faut sans cesse louvoyer entre le désir de s'ouvrir à une culture plus occidentale et un islam teinté de rigueur. Cela demande de la sagesse que nous n'avons toujours pas.

De temps en temps, l'envie de me dérober me tenaille. Je ne tiens pas à faire ici la liste exhaustive des drames, plus ou moins grands, qui émaillent mes treize ans. Je ne veux pas déformer la vérité et je veux être la plus fidèle possible aux faits.

Farhad a finalement trouvé un van « super custom » à acheter. Nous avons réuni l'ensemble des économies et emprunté près de 2 000 euros à un prêteur sur gages pas loin de la place Pachtounistan dans le bazar. Le vendeur était un Afghano-Américain. Il nous a gentiment fait un rabais. J'étais tellement fière quand Farhad est venu garer le minibus dans le quartier, sur la place derrière le cimetière ! Nous sommes tous sortis le voir. Même maman. Il est marron et une petite musique s'enclenche à chaque marche arrière. Si les calculs de Farhad sont bons, ce minibus va nous permettre de gagner suffisamment d'argent pour que nous arrêtions de travailler et puissions mettre de l'argent de côté afin d'acheter une maison. Ce van, il a la couleur de ma liberté. Je n'ai pas voulu monter dedans, je préférais le regarder de loin, comme une relique sacrée qu'on ne veut pas abîmer. Farhad nous a raconté que le vendeur était un jeune d'une trentaine d'années. Il était revenu à Kaboul après des études aux États-Unis dans l'État du Michigan et il avait monté une petite entreprise d'import de voitures. Au moment de payer, il a dit à Farhad « *give me five* ». La vente était signée. Les doigts de Farhad entremêlés à ceux du vendeur, il scellait sans s'en rendre compte une page de notre avenir.

Hôpital Ali Abad, ce matin. Bilal a réussi à se faire renverser par une voiture en allant à l'école. Il était accompagné de mes deux petites sœurs. J'ai beau leur répéter de toujours regarder avant de traverser et de ne pas courir désespérément vers le trottoir d'en face, je peux difficilement être toujours derrière eux. Ils ont souvent du mal à canaliser leur énergie.

Bilal s'est retrouvé sur le capot d'une Toyota Corolla blanche. Heureusement, il est retombé sur le bras. Le chauffeur s'est arrêté, il est descendu de la voiture en pestant d'être ainsi retardé. Il a vérifié que Bilal allait bien puis que sa carrosserie n'avait rien avant de reprendre la route. Derrière, les klaxons s'emportaient.

Shoukria et Samira ont eu le réflexe d'asseoir Bilal dans l'arrière-boutique d'une épicerie. La plus grande, Shoukria, est repartie en courant vers la maison pour me prévenir. De toutes les sœurs, c'est toujours moi qu'on appelle quand il y a un problème. Je suis la plus débrouillarde. J'ai retrouvé Bilal, assis sur une chaise de plastique rouge, blanc comme un linge. L'épicier, un jeune atteint de poliomyélite qui le fait claudiquer comme un pendule, m'a encouragée à emmener Bilal à l'hôpital pour vérifier qu'il n'avait rien de grave. Je n'ai pas eu la force de lui faire subir un trajet en bus jusqu'à Ali Abad, l'hôpital le plus proche de chez nous. J'ai préféré héler un taxi. Comme d'habitude, il a fallu négocier avec le chauffeur, qui a tenté de grappiller quelques afghanis supplémentaires : le prix de l'essence, la circulation endémique... tous les prétextes étaient bons. Comme d'habitude, il a fallu faire mine de ne pas voir les regards réprobateurs et combattre des préjugés encore tenaces. Une fille dans un taxi, même accompagnée de son petit frère malade, ne peut être qu'une fille de mauvaise vie.

Le chauffeur nous a déposés devant Ali Abad contre 70 afghanis, une fortune. Il nous a expliqué que le prix était élevé parce qu'il fallait traverser le bazar et qu'au retour il se trouverait coincé dans les embouteillages sans pouvoir récupérer le moindre client.

À l'hôpital, Bilal a été reçu par le Dr Mutawakil. Son nom était brodé sur sa blouse. Un stéthoscope lui entourait le cou. Il a examiné son bras. Il fallait faire une radio mais nous n'avions pas les moyens. Le Dr Mutawakil a été compréhensif. Il ne pense pas que le bras soit cassé. Mais par sécurité il a bandé entièrement le bras de Bilal et a recommandé une semaine de repos. Ça tombe très mal : Farhad voulait emmener Bilal et Jamshed avec lui pour vendre les tickets de van et repérer les clients potentiels dans le flot des piétons. Jamshed devra se débrouiller seul.

J'ai eu un sale pressentiment. J'ai des scrupules à le dire, mais je pense que l'achat du van est une erreur. Il y a d'abord eu l'accident de Bilal qui devait faire office de poinçonneur. Puis quand nous sommes rentrés à la maison, Farhad avait le nez dans le moteur. Le van ne voulait plus démarrer et moi, j'ai ressenti l'imminence de la catastrophe. Je suis sans doute moins émotive que mes autres frères et sœurs. Je regarde les événements en spectatrice, l'œil toujours critique. Cette lucidité me rend parfois la vie impossible. Avec moi, le pire est toujours certain. Je suis en lutte permanente contre moi-même et mes tentations négatives. Souvent, je me demande si je provoque la catastrophe en l'anticipant, ou si celle-ci était inévitable mais que j'étais la seule à le savoir.

J'ai des principes. Je n'accule jamais les vaincus, je n'accable pas les importuns, je n'accuse jamais sans preuve. Enfin, ça, c'est la théorie. Parce qu'en pratique, aujourd'hui, j'aurais eu envie justement de me défouler et de déverser ma colère. Je me contiens parce qu'il s'agit de mon frère. Et quand il s'agit de votre frère en Afghanistan, il est fortement recommandé de savoir se contenir, voire de se taire tout court. J'ai des principes, certes, mais quand la bêtise les dispute à l'absurdité, j'ai juste envie de les faire voler en éclats.

Farhad n'a rien trouvé de mieux à faire que de vendre le van parce que le moteur était capricieux. Il avait trouvé un acheteur prêt à reprendre le van au-delà de notre prix d'achat. Mon frère a cru tout bonnement faire une bonne affaire. Sauf que l'acheteur nous a versé un tiers de la somme et s'est évaporé dans la nature avec le van. J'ignore comment mon frère, soi-disant si intelligent et prévoyant, a pu se laisser berner de cette façon. Comment a-t-il pu croire, ne serait-ce qu'un seul instant, que le mystérieux acheteur paierait le reste de la somme à partir du moment où il avait récupéré le van ? Cette histoire me rend malade. J'en ai les larmes aux yeux. Des larmes de rage contre mon frère. Des larmes d'enfant contre une telle injustice.

La famille a replongé dans une situation d'extrême pauvreté. Nous avons tous repris le chemin de la rue, résignés à mener une vie de bohème. J'ai tellement espéré que mes petites sœurs aient un autre avenir. Malheureusement, je n'y crois plus. Bientôt, elles devront prendre mon relais. Mon corps est devenu trop encombrant parfois. Mes mains ressemblent à deux paluches qui auraient grandi trop vite. Mon nez pourtant d'aspect aquilin s'est empâté et j'ai l'impression qu'il me mange une partie du visage. J'ai ma poitrine qui commence aussi timidement à pousser. Je trouve mon physique passable. Je ne suis ni belle ni laide. On dirait plutôt que j'ai un visage qui a du caractère. C'est une définition qui me convient parfaitement. J'aime être remarquable au sens littéral du terme. Les femmes afghanes ne rêvent que de passer inaperçues, de se mélanger aux choses et aux gens, jusqu'à devenir insignifiantes ; là, elles ont réussi leur vie.

Je pense qu'on ne peut pas vraiment être insignifiante quand on a eu la vie que j'ai eue.

Je suis une enfant de la rue. Je n'appartiens à rien d'autre qu'à la rue et à tout ce qui s'y rattache. J'ai poussé là comme une mauvaise graine. Je n'aime pas me retourner sur mon passé pour constater que je n'ai pas eu d'enfance. On ne m'a jamais laissé l'occasion d'être une petite fille. À cinq ans, j'étais déjà dans la rue sous la protection de ma sœur Fatana. J'interpellais déjà les passants en anglais : « *Do you need matches ?* » Je parlais encore mieux qu'aujourd'hui. J'étais même capable de corriger les fautes des anglophones ! Je n'ai jamais eu le temps d'être timide et réservée.

Si j'ose repenser à tout cela aujourd'hui, c'est que j'ai l'impression que nous sommes revenus six ans en arrière. Je suis envahie par un flot de sentiments contradictoires. La reconnaissance d'avoir pu aller à l'école pendant toutes ses années. La détresse d'avoir travaillé si durement pour revenir au point de départ. Une vague d'affection pour mes frères et sœurs, fratrie solidaire, tumultueuse et bagarreuse, qui se sont serrés les coudes quand tout allait mal. Cette vague-là emporte tout le reste. Même le désarroi de ne plus rien avoir à manger et de devoir mendier à nos grands-parents de Ghul Dara quelques fruits et légumes pour pouvoir survivre.

Dans les rues du quartier de Taimani, j'ai eu l'impression aujourd'hui que la réalité se télescopait avec l'actualité. Une horde d'hommes, entièrement revêtus d'une combinaison orange, vidaient les égouts qui dégageaient une odeur pestilentielle. Il n'y a pas d'évacuation des eaux usées à Kaboul, et encore moins de ramassage des ordures. Les poubelles sont dans la rue. Elles servent de cantine aux chiens errants et aux moutons. Une fois dans la semaine, elles sont brûlées. La fumée blanchâtre pique les yeux et la gorge.

L'été, avec la chaleur, les eaux usées stagnent et attirent les rats. Les hommes en orange, à l'aide de pelles, raclent les égouts puis déversent le compost noirâtre dans un camion qui stationne à côté.

J'ai été saisie par l'anachronisme de la situation et du décor. En moi, la scène a fait écho aux images télévisées des prisonniers de Guantánamo qu'on voit toujours marcher dans une combinaison identique. J'ai souri à cette idée saugrenue : la cavale des prisonniers de Guantánamo dans les tout-à-l'égout de Kaboul. Il n'y a sans doute que moi qui puisse penser à une chose pareille.

34.

Le nerf de la guerre

Je m'ennuie. Un peu démoralisant, je dois l'avouer. J'en profite pour tuer les mouches avec une tapette. Le truc avec la torture, c'est que c'est fastidieux. Et puis une fois qu'on a commencé le travail, il faut bien le finir. J'ai tué des dizaines de mouches. C'est quand même l'insecte le plus imbécile qui existe, la mouche. Ça vous pollue l'existence en tournoyant au niveau de vos oreilles et ça choisit toujours l'extrémité la plus chatouilleuse pour venir se poser et vous taquiner. Et puis, les mouches pondent des œufs un peu partout, qui finissent par donner naissance à d'autres mouches, et ainsi de suite. J'ai préféré faire un carnage cet après-midi plutôt que de devoir improviser un génocide dans quelques jours. J'ai été le bourreau d'une bonne cinquantaine de mouches qui profitent des fenêtres brisées et ouvertes à tout vent, des épluchures de pommes de terre et pelures d'oignons qui traînent par terre, pour squatter le salon. La maison est tellement sale que les traces de mes crimes, une tache noirâtre où s'amalgament le corps écrabouillé de la mouche et le sang, demeurent invisibles.

J'ai tué consciencieusement. D'un coup sec et rapide pour qu'elles ne souffrent pas. Ce geste, que j'ai répété mécaniquement une bonne partie de la soirée, m'a évité de réfléchir. J'ai concentré sur mon bras gauche toute mon attention. J'aimais bien voir le muscle de mon avant-bras se tendre et marquer une protubérance.

Je suis tellement dans l'expectative de ce qui va nous arriver que j'ai décidé d'être économe. De mes mots, de mes actes et de mes mouvements. Pour le moindre geste, je calcule le coût et le bénéfice. Lorsque le bénéfice est nul, je m'abstiens, sauf pression familiale. Même pour respirer, j'évite les grandes inspirations inutiles. C'est un petit jeu idiot, mais moi, il me met dans un tel état de transe que cela devient difficile de m'arrêter. Mon corps tout entier est mobilisé dans l'attente.

« Mais j'attends quoi, au juste ? »

Le mois dernier, nous avons travaillé très dur. Farhad a réussi à négocier avec « Doktor » Nessar, le propriétaire de la maison, un petit délai pour l'augmentation du loyer. Cela ne nous préserve pas de la catastrophe prévisible, l'expulsion, mais cela nous laisse au moins le temps de la prévoir.

Mes craintes se sont avérées justifiées. Maman songe sérieusement à envoyer les deux dernières, Shoukria et Samira, dans la rue pour compléter le revenu familial. Je m'y suis opposée violemment. C'est la première fois que je monte ainsi le ton. Tout le monde a été un peu surpris par ma véhémence. « Pas question ! Tant que nous survivons avec ce que nous gagnons, je ne veux pas que les filles aillent dans la rue ! » Mes fragments de vie ont resurgi. L'école d'un côté, la rue de l'autre, le marché, la fatigue. Ces divers fragments s'imbriquent difficilement. Douloureusement. « Je ne veux pas que mes sœurs aient la même enfance que moi. » Je ne peux pas m'habituer à cette idée. Pour ainsi dire, elle me hante.

Je ne sais pas très bien comment prendre cette nouvelle. Je dirai qu'elle est *sweet and sour*, comme disent les Américains, ou encore mi-figue mi-raisin. Ma sœur aînée Farzana, celle qui a été vendue à l'âge de treize ans, va revenir s'installer à Kaboul. C'est une nouvelle heureuse qui se mêle au tragique, comme pour vous empêcher de connaître une joie pleine et totalement pure. La situation à Gardez, où elle habite, a empiré. Les talibans contrôlent maintenant les voies d'accès et font régner la terreur. Ma sœur a eu peur. Son mari est un ancien taliban. Je ne crois pas qu'il ait commis des horreurs. Son rôle se limitait à des patrouilles dans Kaboul et à réprimander ceux qui ne respectaient pas la charia à la lettre. Pour vous dire comme il est repenti, il travaille aujourd'hui pour une entreprise de déminage. En somme, il retire des mines que les siens ont eux-mêmes posées. L'ironie de l'histoire ne nous a jamais étranglés...

Farzana a aujourd'hui vingt-trois ans et déjà quatre enfants. Son aîné a presque l'âge de Bilal, son oncle. Je m'emmêle un peu. Les mariages précoces rendent les rapports de parenté un peu compliqués. Il y a toujours des sauts de génération qui bousculent l'ordre de la hiérarchie.

Farzana a eu peur pour ses enfants et pour son mari. Il paraît que dans les villages du Sud, il n'y a plus besoin de se perdre dans les montagnes pour rencontrer les combattants talibans : ils sont maintenant « comme un poisson dans l'eau ». Ils sont aidés par les habitants qui les soutiennent dans cette ceinture pachtoune qui épaule « les enfants du pays » selon un vieux code de l'honneur, le « pachtunwali »[1]. Autour de Gardez, ma

1. Les Pachtounes ne connaissent qu'une seule loi non écrite : le « pachtunwali ». Ce code d'honneur tient en cinq règles fondamentales. Le « Mehnastia » impose d'offrir l'hospitalité à tous, sans espoir de contrepartie. Le « Badal » ordonne à chaque chef ou membre de la tribu de ne laisser aucun crime impuni et de réclamer vengeance. Le « Nanawatay » qui autorise le vaincu à aller s'agenouiller aux pieds du vainqueur pour

sœur nous a dit qu'elle avait croisé des combattants armés de kalachnikov et de lance-roquettes vissés dans le dos qui circulaient sur de petites motos. Selon les districts, les territoires sont plus ou moins sous le contrôle des talibans, qui paradent au nez et à la barbe des forces gouvernementales.

Dans ces régions sudistes, la propagande des talibans est savamment distillée : ils envoient des lettres de menaces aux instituteurs et aux femmes qui travaillent avec des ONG. Même les mollahs sont gentiment priés de faire, dans les haut-parleurs le vendredi, un prêche qui soit conforme à leurs idées. Au bazar, les DVD de leurs exploits sont en vente libre. Le plus célèbre montre les nouvelles recrues prendre leur « ticket pour le paradis » avant d'aller se faire exploser contre les forces alliées, les militaires de l'Armée nationale afghane ou les forces gouvernementales. Tout ce qui représente, de près ou de loin, une forme d'ingérence.

Ils distribuent aussi des tracts appelant au djihad et rappelant leur Codex, leur code de conduite. L'article 25 me fait froid dans le dos : « *Anyone who works as a teacher for the current puppet regime must recieve a warning. If he nevertheless refuses*

---

lui demander sa clémence. Et enfin le « Tor » est tout ce qui concerne l'honneur des femmes.

to give up his job, he must be beaten. If the teacher still continues to instruct contrary to the principles of islam, the district commander or a group leader must kill him[1]. »

En somme, les talibans préviennent toujours trois fois. Un peu comme papa. Sauf que le coup de semonce final l'est pour l'éternité.

Farzana n'a pas fui le retour des talibans. C'est le climat sécuritaire général qui l'a poussée à revenir s'installer à Kaboul. Elle dit que les Afghans dans le Sud ont la vie la pire qui soit : prise en étau entre les bombardements de la coalition et la pression de plus en plus importante des insurgés dans les villages pour être aidés, cachés ou financés.

« Ils vous poussent à boire votre soupe avec des couteaux », raconte Farzana. C'est pudiquement dit. Pour le tourner de manière moins consensuelle, les talibans vous acculent. Les villageois n'ont plus vraiment le choix de leurs opinions. Ils sont les victimes collatérales des frappes aériennes de la coalition. Se rendent-ils seulement compte qu'ils sont utilisés comme bouclier humain par ceux qu'ils protègent ? En temps de guerre, la

1. « Celui qui travaille comme professeur pour cet actuel gouvernement de "pantin" doit recevoir un avertissement. Si malgré tout il refuse de quitter son travail, il doit être battu. Si le professeur continue à enseigner selon des principes contraires à l'islam, le commandant du district ou le chef d'un groupe local doit le tuer. »

stratégie est l'arme du pauvre. Elle a le droit d'avoir tous les vices. Elle justifie la terreur et la violence. En temps de guerre, on ne fait plus cas de l'humain. C'est pourtant lui le nerf de la guerre.

Les Afghans dans le Sud n'ont plus le choix. Quand une bombe décime votre famille ou celle de votre voisin, vous êtes forcément contre les étrangers qui viennent coloniser militairement votre pays.

Les Afghans dans le Sud n'ont pas le choix. Quand les talibans vous promettent un ordre juste, vous voulez les croire sur parole. Les Afghans du Sud sont simplement pour la paix, d'où qu'elle vienne.

Farzana n'a pas fui les talibans, donc. Elle a, à leur égard, un sentiment partagé. Bien sûr, il n'est pas question de revivre les heures les plus noires de l'histoire de l'Afghanistan. Mais si les talibans étaient plus progressistes (est-ce seulement deux mots qui peuvent être accolés ?), elle juge que ce sont les seuls capables aujourd'hui de ramener la sécurité.

Farzana a fui un climat délétère. Sur la route goudronnée qui mène de Kaboul à Kandahar, elle a vu, comme Farhad, les camions en train de se calciner sur le bord de la route. Les postes de police disposés en hâte le long de la route pour tenter de la sécuriser ne sont que de misérables cahutes protégées de sacs de sable et régulièrement attaquées la nuit. Image de la déliquescence de l'État afghan. Le soir, les policiers, quand ils ne se font pas attaquer par les talibans, font leur loi. Comme tout le monde. Ils arrêtent les voitures et volent ce qu'il y a encore à voler. Parfois, ils se font passer pour des talibans. L'insécurité profite aux plus malins. Ma sœur n'a pas voulu se risquer à ce jeu-là.

Ils vont venir habiter avec son mari et ses enfants sur le haut de « la colline de la télévision ». Une de ces maisons qui a toujours la tête dans les nuages. Nous ne serons plus séparées que par un dénivelé de 700 mètres tout au plus. Pour elle, je les grimperai cent fois sans m'essouffler.

35.

Ritournelle

Au seuil de cette année, je crois que mon innocence s'en est allée sans prévenir. Je m'en suis vaguement rendu compte, mais j'ai préféré ne pas m'attarder sur cette idée et la laisser filer. Ce qui me fait dire ça aujourd'hui, c'est que les événements ne glissent plus sur moi comme sur la douce surface des choses, lisse et réconfortante. Je suis sans cesse préoccupée et tourmentée. Ritournelle. Je suis rentrée d'un coup dans un monde de lucidité où notre situation familiale m'apparaît dans toute son absurdité. J'ai commencé à réaliser cette année que, quoi que nous fassions, l'avenir était bouché. Pour les gens comme nous, il n'y a pas d'issue possible. Nous sommes la quantité négligeable qui vient grossir les rangs des exclus. Maman est toujours très forte pour nous sermonner dans ces moments de lâcher prise et nous ânonner ses grands principes. La droiture, par exemple, quand tout vous incite à plier et à courber l'échine pour vous protéger des coups.

Pour une fois, je n'ai pas l'impression de vivre à côté de l'histoire. J'ai la conscience aiguë que nous sommes à un tournant. Je n'ai pas voulu ici donner de grande leçon de morale. Je n'en ai ni les moyens ni l'envie. Et puis l'histoire nous en a suffisamment donné et continuera à nous en donner. L'histoire sera toujours plus terrible. Toujours plus violente. Il faut s'habituer à cette idée. Moi qui avais une confiance illimitée en l'homme, j'ai perdu mes illusions. Ce n'est pas grave après tout. Les illusions sont faites pour être perdues. J'espère que ce n'est qu'un passage. On perd ses illusions à treize ans parce que même votre corps vous tiraille. C'est une mue nécessaire. À vingt ans, j'aurai d'autres illusions que je prendrai un malin plaisir à contredire parce que c'est ça, après tout, la vie : une lutte permanente entre ce que je suis, ce que je voudrais être et ce que je ne serai jamais. Le tout, c'est d'accepter de vivre avec cette déception. Pour ça, j'ai pris un peu d'avance. Sans vouloir faire du mauvais esprit, en Afghanistan, on a facilité la vie des femmes. Elles n'ont qu'à accepter ce qu'elles sont. Au pire, regretter ce qu'elles ne seront jamais. Elles n'ont pas à passer par l'étape intermédiaire qui consiste à vous donner les moyens d'exister selon la conformité de vos rêves.

Moi, je refuse d'abdiquer et de trahir mes idéaux. C'est mon esprit de résistance, héritage paternel. Je sais le chemin qu'il me reste à parcourir pour me donner la chance de faire un choix de vie. J'espère ne pas avoir la lâcheté de tout abandonner pour la facilité.

J'ai écrit ici ce que je voulais dire comme vérité avec le regard de mes treize ans. Le problème, avec ce genre de carnets, c'est qu'il vous fait coucher par écrit de grandes certitudes.

On sait bien, au fond de soi, que les choses ne sont jamais aussi simples et limpides. On pressent déjà qu'on ne sera pas totalement fidèle à son propos, et l'idée même de cette trahison est insupportable. Quand je relirai ces lignes dans quelques années, vais-je retrouver des cadavres de vérités ou seront-elles toujours vivantes ?

OUZBÉKISTAN
CH.
TADJIKISTAN
TURKMÉNISTAN
Faïzâbâd
Chéberghân
Mazâr-é Charif
Kondôz
Tâloqân
Sar-é Pol
Samangân
Baghlân
zone
sous administration
pakistanaise
Maïmana
IRAN
Qal'a-yé Nao
Bâmiân
Tchârikâr
Mahmoud-é Râqi
Assadâbâd
KABOUL
Sarôbi
Hérât
Tchaghtcharân
Meydân Chahr
Pol-é 'Alam
Djalâlâbâd
zone
sous
admin.
indienne
Gardêz
Ghazni
Khôst
Charan
Tarin Kôt
Farâh
Qalât
Lachkargâh
Kandahâr
PAKISTAN
Zarandj
0 50 100 200 300 km
KAZ.
CHINE
IRAN
PAK.
INDE

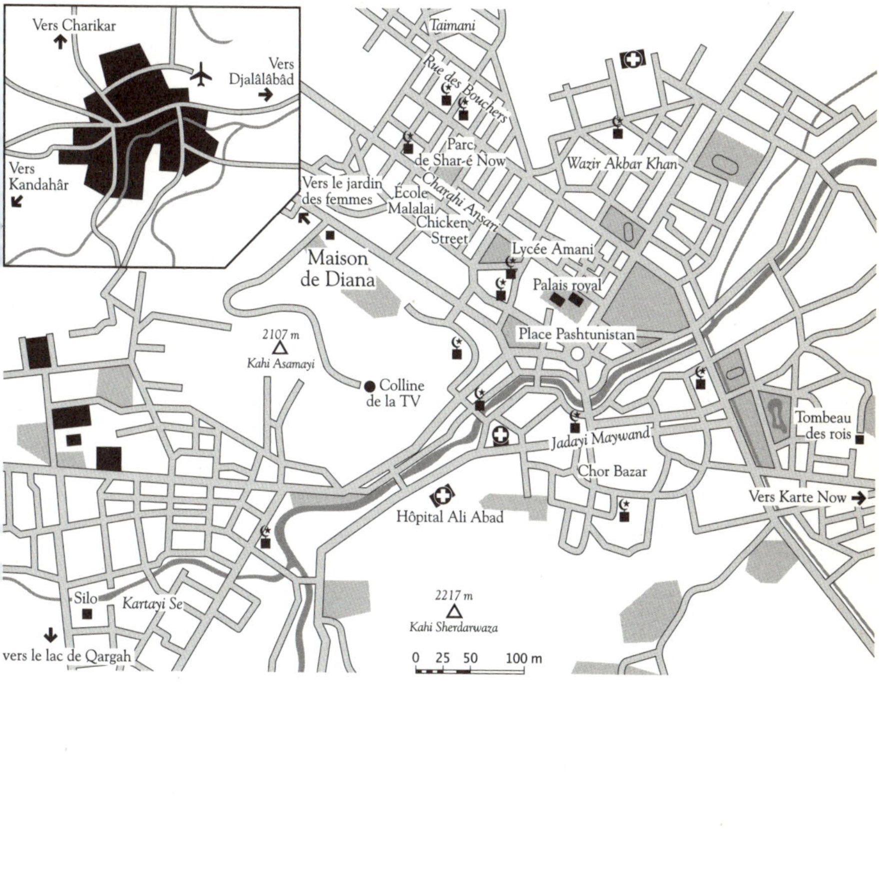
Vers Charikar
Vers Djalâlâbâd
Vers Kandahâr
Taimani
Rue des Bouchers
Parc de Shar-é Now
Wazir Akbar Khan
Vers le jardin des femmes
École Malalai
Charahi Ansari
Chicken Street
Lycée Amani
Maison de Diana
Palais royal
Place Pashtunistan
2107 m
Kahi Asamayi
Colline de la TV
Jadayi Maywand
Tombeau des rois
Chor Bazar
Vers Karte Now
Hôpital Ali Abad
Silo
Kartayi Se
2217 m
Kahi Sherdarwaza
vers le lac de Qargah
0 25 50 100 m

Table des matières

Remerciements

Ce livre est pour Diana.

Un grand merci à la famille de Diana et à tous ses frères et soeurs : Farzana, Farhad, Fatana, Fawad, Khaleda, Rohina, Bassira, Jamshed, Raissa, Djamal, Bilal, Shoukria et Samira. Plus spécialement à sa maman, Latifa, qui a autorisé nos rencontres à la sortie de l'école et a ouvert grand les portes de sa maison.

Merci à Farhat Walli qui a travaillé comme traductrice à nos côtés et a éprouvé un plaisir évident à raconter la vie d'une jeune Afghane dans laquelle elle se retrouvait. Farhat tient à remercier toute sa famille et plus spécialement son frère Omar Walli qui lui a permis de voler quelques heures à la sortie du bureau pour mener les entretiens avec Diana.

Merci à notre chauffeur, Amanullah, qui a pris un soin particulier de ce trio féminin inédit.

Petite marchande d'allumettes à Kaboul

Merci à Altai et Éric, Rodolphe et Emmanuel pour leur soutien logistique et moral.

Merci à Martin, Lucie, Guy et Catherine pour leurs relectures attentives.

Merci à Aymeric de Gantès pour ses encouragements et sa patience.

Achevé d'imprimer au Canada
sur les presses de Imprimerie Lebonfon Inc.